Hommage à Monsieur Cabriel par l'infortunée famille Lesurques

TROISIÈME MÉMOIRE

POUR L'INFORTUNÉ

LESURQUES

ET SES HÉRITIERS.

TROISIÈME MÉMOIRE

POUR L'INFORTUNÉ

LESURQUES

ET SES HÉRITIERS,

A L'OCCASION

DU PROCÈS INTENTÉ A CETTE FAMILLE

PAR MADAME DE BUSSY,

ÉPOUSE DIVORCÉE DE M. LE MARQUIS DE FOLLEVILLE.

RÉFUTATION

DES CALOMNIES QU'ELLE S'Y EST PERMISES CONTRE LA MÉMOIRE DE CETTE INNOCENTE VICTIME.

PAR M. J. B. SALGUES.

PARIS,

IMPRIMERIE DE AUGUSTE MIE,

RUE JOQUELET, N° 9, PLACE DE LA BOURSE.

1829.

MÉMOIRE

POUR

LA VEUVE ET LES HÉRITIERS,

DE

L'INFORTUNÉ LESURQUES,

CONTRE

MADAME DE BUSSY,

ÉPOUSE DIVORCÉE DE M. LE MARQUIS DE FOLLEVILLE.

Sept ans se sont écoulés depuis que, frappé du malheur qui accablait la veuve et les enfants d'un juste indignement immolé sur l'échafaud, j'entrepris de faire briller son innocence, et de rattacher sur un front injustement flétri cette auréole d'honneur et de vertu, le plus précieux héritage qu'un père puisse transmettre à ses enfants.

J'avais eu la douce satisfaction de voir mes efforts couronnés du succès. L'humble prière repoussée du temple de la Justice depuis près de trente ans, avait trouvé auprès du trône et dans les deux chambres législatives une noble et généreuse protection; l'innocence de JOSEPH LESURQUES avait été proclamée dans toute l'Europe; le fisc lui-même s'était attendri, et, pour la première fois, l'avare Achéron avait rendu sa proie.

Depuis ce temps la famille Lesurques goûtait quelque repos, et se livrait à l'espoir le plus cher à son cœur, d'obtenir prochainement la réhabilitation de son malheureux chef.

Déjà la Chambre des Pairs, touchée de tant d'infortunes, avait admis une proposition tendante à aplanir les difficultés que l'institution du jury oppose au bienfait de la réhabilitation.

Devais-je, dans une pareille situation, m'attendre à voir cette famille livrée à de nouvelles tribulations? Devais-je croire que je serais bientôt obligé de reprendre la plume pour venger de nouveau l'honneur outragé de son auteur, pour repousser des mains criminelles qui viendraient, non plus attenter à ses jours, mais disputer à ses héritiers les tristes débris de sa fortune?

Quelles sont donc les ames de fer, les cœurs avares et corrompus qui ont conçu ce lâche et coupable dessein? C'est une femme qui nage dans l'opulence, qui jouit d'une position sociale élevée, et qui, dans un âge avancé, près du tombeau, semblerait ne devoir aspirer qu'aux biens du ciel; c'est un homme qui, né dans une classe obscure et sans fortune, est parvenu, par une industrie qu'on appréciera, à grossir énormément ses revenus, à parer sa poitrine de ce signe d'honneur que l'intrigue ne parvient que trop souvent à ravir au mérite. Je ne l'aurais pas nommé s'il ne se fût nommé lui-même.

Retraçons ici quelques détails biographiques sur la triste victime dont il s'agit. L'intérêt de la cause pendante en ce moment à la seconde chambre de la Cour royale l'exige impérieusement.

PREMIÈRE PARTIE.

Courte notice sur Joseph Lesurques. — Origine du procès entre ses héritiers et madame de Folleville. — Titre sur lequel elle appuie ses demandes. — Discussion de ce titre. — Inscription de faux.

Joseph Lesurques naquit à Douai, en 1764, de parents peu fortunés, mais honnêtes. Il entra très jeune dans l'armée, s'y éleva en peu de temps au grade de sous-officier, se distingua par son excellente conduite, et mérita de ses chefs les plus honorables attestations, ainsi qu'on a pu le voir dans les précédents mémoires. En 1790, les fatigues de la vie militaire et la faiblesse de sa santé l'obligèrent de rentrer dans ses foyers. L'administration du district de Douai, qui représentait les sous-préfectures d'aujourd'hui, et qui connaissait sa capacité, l'admit dans ses bureaux; il s'y distingua comme à l'armée par son intelligence et sa probité. C'était l'époque où les biens du clergé avaient été déclarés nationaux, où, pour donner un gage aux assignats, on procédait à la vente des biens provenant des maisons religieuses. Plusieurs personnes se rendaient adjudicataires de ces biens, soit dans l'intention de les garder pour elles-mêmes, soit dans l'intention de les rétrocéder avec bénéfice.

Joseph Lesurques se livra à ce genre de spéculation, et les registres de l'administration du district de Douai attestent que, dans l'intervalle de 1791 à 1795, il fit pour un million quatre cent cinquante-deux mille quatre cent quarante-deux francs d'acquisitions de domaines nationaux : toutes ces acquisitions n'étaient pas à la vérité pour lui. Sur seize adjudications faites alors à son profit, trois sont, avec déclaration de *command*, pour madame de Bussy, épouse divorcée de M. le marquis de Folleville.

Cette dame avait des dîmes inféodées dans le Berry, et, comme ces dîmes avaient été déclarées rachetables, et le montant de leur prix admissible en acquisitions de domaines nationaux, elle se rendit à Douai ; et le jeune Lesurques, lui présentant par sa conduite et son intelligence les garanties qu'elle pouvait désirer, elle le chargea de soumissionner et d'acheter pour elle plusieurs biens provenant des abbayes supprimées dans le district de Douai. Il remplit ses intentions avec exactitude et fidélité, fit les déclarations de command, et y satisfit dans les termes prescrits par les lois.

Madame de Bussy se trouva donc en relation habituelle avec lui : la plus grande confiance s'établit des deux parts. Lesurques, chargé de procuration, administrait les biens qu'il avait acquis pour madame de Bussy, payait pour elle, recevait pour elle, et, quand les revenus ne suffisaient pas, que les fonds ne lui arrivaient pas à temps, il les avançait. Ainsi Lesurques et madame de Bussy étaient alternativement débiteurs et créanciers l'un de l'autre : l'obligeance était réciproque.

Au mois de janvier 1792, Lesurques acheta, pour son propre compte, un domaine national situé dans le village de Férin; il lui fut adjugé pour la somme de 180,000 liv. assignats. Les registres de l'administration prouvent qu'il ne fit aucune déclaration de command, qu'il paya de ses propres deniers, en son propre nom, les douze pour cent exigibles aux termes de la loi, et les échéances suivantes depuis 1792 jusqu'en 1795. Mettons-en le tableau sous les yeux du lecteur. (Voir le tableau ci-contre.)

Lesurques avait trop d'intelligence et de ressources dans l'esprit, pour qu'une acquisition de 180,000 fr. pût lui causer le moindre embarras. On trouvait facilement les fonds nécessaires pour payer le premier douzième dans la bourse de plusieurs personnes qui cherchaient à se défaire de leurs assignats. Les biens nationaux étaient adjugés beaucoup au-dessous de leur valeur, et souvent il suffisait d'en vendre une partie pour payer le tout. Ce fut ce qui arriva à Joseph Lesurques, comme on le verra bientôt. Le domaine de Férin contenait deux cent quatre-vingt-douze mesures de terrain, qu'on appelle dans le pays *rasières ;* il en vendit le tiers en 1795, et en tira 188,000 liv.; c'est-à-dire huit mille francs au-dessus du prix total de l'acquisition.

Cependant, au mois de mai de la même année, madame de Bussy étant venue à Douai, et ayant témoigné à Joseph Lesurques le désir de joindre à ses autres domaines la ferme de Férin, Lesurques, d'un naturel doux et obligeant, y consentit, et le vingt-deux de ce mois il reconnut, par un acte sous seing-privé, qu'il avait acheté la ferme de Férin pour madame de Folleville, qu'elle lui avait remis à l'instant la somme de 21,600 liv. pour payer le premier douzième, et s'obligea de faire dans un court délai la déclaration de com-

B

BUREAU DE DOUAI,

(DOMAINES.)

DÉPARTEMENT DU NORD.

Direction générale de l'Enregistrement et des Domaines.

Du sommier de Ventes de Domaines nationaux, 2e vol. du Bureau de Dou
a été extrait ce qui suit.

155. Adjudication du 19 Janvier 1792.

MUNICIPALITÉ DE FÉRIN.	Nos DU JOURNAL et Dates des PAIEMENS.		SOMMES totales PAYÉES.			DIVISION. INTÉRÊTS.			CAPITAU	
Une Ferme et deux cent quatre-vingt-douze rasières environ de Terres dépendantes ci-devant de l'abbaye d'Anchin.		SUR LES	»	»	»	»	»	»	180,000	»
		PAYÉ	21,936	»	»					
	809. 26 mai 1792.	1° Pour les 12 pour °/o	»	»	»	»	»	»	21,600	»
		2° Pour 3 mois d'intérêts des 12 pour °/o	»	»	»	336	»	»		
		RESTE	»	»	»	»	»	»	158,400	»
	2461. 18 prairial an 2. 6 juin 1794.	PAYÉ	43,453	3	10					
		1° Pour un an d'intérêts de 158,400 liv.	»	»	»	7,920	»	»		
Adjugés le 19 janv. 1792 au citoyen Joseph Lesurgues, demeurant à Douai. 1re classe. Prix : 180,000 l.		2° Pour le premier douzième	»	»	»	»	»	»	13,200	»
		RESTE DU	»	»	»	»	»	»	145,200	»
		3° Intérêts de 22,120 liv. du 19 janvier 1793 au 30 nivose an 2, un an, ci	»	»	»	1,056	»	»		
		4° Intérêts de 145,200 liv., capital restant pour un an, ci	»	»	»	7,260	»	»		
		5° Pour le deuxième douzième échu au 30 nivose an 2	»	»	»	»	»	»	13,000	»
	1941.	6° Intérêts de 42,636 liv. du 30 nivose au 18 floréal an 2, quatre mois dix-huit jours.	»	»	»	817	3	10		
		RESTE au 30 nivose an 2	»	»	»	»	»	»	132,000	»
		PAYÉ	20,066	16	8					
	8 floréal an 3.	1° Intérêts de 132,000 liv. pour un an	»	»	»	6,600	»	»		
		2° Pour le troisième douzième	»	»	»	»	»	»	13,200	»
		3° Intérêts de 19,800 liv. pour trois mois huit jours	»	»	»	266	16	8		
		REDOIT	»	»	»	»	»	»	118,800	»
	2279. 29 floréal an 3.	PAYÉ	31,200	»	»					
		1° Intérêts de 118,800 liv. pour trois mois et deux jours	»	»	»	1,919	10	»		
		2° A-compte	»	»	»	»	»	»	29,280	10
		REDOIT	»	»	»	»	»	»	89,519	10
	3312. 12 messidor an 3.	PAYÉ	84,648	14	8					
		1° Pour un mois 13 jours de 89,519 liv. 10 s.	»	»	»	534	12	8		
		2° Pour à-compte	»	»	»	»	»	»	84,114	2
		REDOIT	»	»	»	»	»	»	5,405	8
						26,710	3	2		

Pour copie conforme au Registre, etc. Le Receveur de l'Enregistrement et des Domaines au Bureau de Douai, etc.

. En examinant ce tableau avec attention, on trouvera qu'il faut ajouter 26 10 liv. aux calculs ra ortés à la o e 4 de ce Mémoire, ce ui ortera la somme to mand auprès de l'administration dudit district.

Madame de Folleville se croyait alors en mesure de faire face à ses nombreux engagements. Elle comptait sur le remboursement de ses dîmes inféodées, et sur le recouvrement d'une somme considérable dont le gouvernement français paraissait redevable au comte de Bussy, son oncle, qui avait succédé dans l'Inde au célèbre Labourdonnais, et s'était distingué par la plus honorable conduite; mais la marche brûlante de la révolution dissipa ses espérances.

Les dîmes inféodées furent supprimées au mois de septembre suivant sans indemnité; les sommes dues ou promises à M. de Bussy ne furent point payées : c'est la suite ordinaire des tempêtes politiques. L'année suivante, madame de Bussy, malgré le civisme dont elle avait donné des preuves éclatantes, malgré son divorce avec M. de Folleville, émigré, malgré ses nombreuses acquisitions de domaines nationaux, fut arrêtée dans son château près de Péronne, et conduite dans la maison d'arrêt d'Amiens, d'où elle ne sortit que sur la fin de juillet 1794.

Pendant sa détention, Joseph Lesurques veilla avec le plus grand soin sur ses propriétés, les administra comme les siennes propres, et, lorsque madame de Folleville fut rendue à la liberté, il se trouva en avance envers elle d'une somme assez considérable, sur laquelle madame de Folleville lui fit remettre à compte 10,400 liv. Elle éprouva alors de l'embarras pour le paiement de ses nombreux domaines nationaux, renonça à la possession de la ferme de Férin, régla ses comptes avec Lesurques dans les premiers mois de 1795, et lui remit l'acte du vingt-deux mai 1792. De son côté, Lesurques lui souscrivit, pour solde de tout compte, des billets à courte échéance, montant à la somme de 62,000 liv., et les paya.

Ces faits sont simples, naturels et constants. Rien n'altéra la confiance entre les deux parties. Les registres de l'administration du district prouvent que la déclaration de command promise au 22 mai 1792 n'eut pas lieu ; que le premier douzième fut payé au nom seul de Lesurques, et que les autres le furent également par lui. Il toucha les revenus, renouvela les baux, fit, sans obstacle ni réclamations, tous les actes qu'un propriétaire peut se permettre.

Vers la fin de la même année, il conçut le projet de quitter Douai, et de se rendre à Paris dans l'espérance d'y trouver plus de ressources pour l'éducation de ses enfants; car, dans le cours de la terreur, tous les établissements d'éducation avaient été tellement détruits dans les provinces, que la Convention, délivrée de la tyrannie de Robespierre, fut obligée d'envoyer des commissaires dans les départements pour y relever les études.

Avant de réaliser ce projet, Lesurques régla toutes ses affaires, et, pour achever les paiements de la ferme de Férin, il se détermina à en vendre une partie, fit apposer des affiches, et procéda publiquement, par actes notariés, en son nom et en celui de sa femme.

Prouvons ce fait par des actes authentiques; car, dans la cause dont il s'agit, et avec les adversaires que les héritiers Lesurques ont à combattre, on n'a rien à négliger. C'est ici la fable du loup et de l'agneau.

VENTE DU 28 FLORÉAL AN III.

« Par-devant les notaires publics de la résidence de Douai, département du Nord, soussignés, furent présents le citoyen Nicolas-Joseph Lesurques, receveur, demeurant en cette commune de Douai, et la citoyenne Jeanne-Joseph Campion, son épouse, qu'il autorise à l'effet ci-après.—Lesquels, en conséquence d'adjudication faite en l'étude du citoyen Dumont, l'un desdits notaires, le neuf germinal dernier, AFFICHES MISES AU PRÉALABLE, ont vendu, au profit du citoyen DUMOULIN, PRÉSIDENT DU DISTRICT DE DOUAI, Y DEMEURANT, ici présent, acceptant, seize rasières environ de terre à labour, situées au terroir de Férin, tenant d'un long à T......, provenant aux comparants d'acquisition qu'ils ont faite de la nation, par adjudication devant le directoire dudit district, le 19 janvier 1792, pour de ladite partie de terre jouir, faire et disposer par ledit citoyen Dumoulin, son épouse et ses ayans-cause, en pleine propriété, dès aujourd'hui, aux mêmes droits qu'avaient les comparants avant ces présentes, en vertu de leurdite adjudication, jusqu'après le pied coupé de la prochaine récolte, attendu qu'ils se sont réservé, par adjudication, le fermage à échoir le dix frimaire suivant, et pour cette fois seulement.

« Cette vente faite, francs deniers, moyennant deux mille cinq cent cinquante livres six sols, tant pour épingles aux vendeurs, secours aux indigents, gratification aux clercs, etc.; et pour deniers principaux, la somme de trente-un mille deux cents livres de francs, que l'acquéreur s'oblige de VERSER ÈS-MAINS DU RECEVEUR DU DISTRICT A L'ACQUIT DES VENDEURS, sur le marché et ferme de Férin, adjugée audit citoyen Lesurques, par l'administration du district de Douai, ledit jour 19 janvier 1792.

« Promettant, obligeant et renonçant ladite femme au bénéfice de l'authentique *si qua mulier*, dont les effets lui ont été expliqués et qu'elle a dit comprendre.

« Passé à Douai après lecture, ce 28 floréal, l'an 3 de la république française, une et indivisible. A la minute ont signé J. Lesurques, Campion, Dumoulin ; et comme notaires, Dumont et Allard.

« Enregistré à Douai, le 4 prairial an III. »

VENTE DU SEPT FRUCTIDOR AN III.

« Furent présents le citoyen Nicolas-Joseph Lesurques, receveur, demeurant à Douai, et Jeanne-Joseph Campion, sa femme, qu'il autorise à l'effet ci-après ; lesquels ont vendu au profit du citoyen Dumoulin, PRÉSIDENT DE L'ADMINISTRATION ACTUELLE DU DISTRICT DE DOUAI, y demeurant, ici présent, et acceptant, six rasières, trois coupes, trois carreaux environ de terre à labour, situés au terroir de Férin, nommé les Quatre Jardinets, etc. Pour de ladite partie de terre (provenant aux vendeurs d'acquisition qu'ils ont faite de la nation, pardevant l'administration du district dudit Douai, le 19 janvier 1792 (vieux style), comme bien dépendant de la ci-devant abbaye de Saint-Amand), jouir, faire et disposer par ledit citoyen Dumoulin, son épouse et leurs hoirs, en pleine propriété dès cejourd'hui, aux mêmes titres qu'avaient les comparants avant les présentes, en vertu de leurdite acquisition, se réservant néanmoins le fermage à échoir le dix frimaire prochain, et pour cette fois seulement.

« Cette vente faite, francs deniers, moyennant la somme de vingt-huit mille quatre cent quarante-trois livres quinze sols, payée comptant aux vendeurs, à la vue desdits notaires, dont quittance pleine et entière aux acquéreurs. Cette vente faite en outre *à la charge du bail qu'a le citoyen J.-B.-Joseph Coget, occupeur actuel desdites terres*, pour autant qu'il soit valable et d'entretien nécessaire, cette cause n'étant mise que pour éviter tout recours en indemnité contre les vendeurs, en cas de résiliement dudit bail.

« Promettant, et renonçant ladite femme au bénéfice de l'authentique *si qua mulier*, dont les effets lui ont été expliqués, et qu'elle a dit comprendre, etc.

« Ainsi fait et passé audit Douai, après lecture, le 7 fructidor an III de la république. A la minute ont signé Dumoulin, Lesurques, Campion; et, comme notaires, Dumont et Allard.

« *Enregistré à Douai, le 12 fructidor de la république.* »

Faut-il produire d'autres actes également authentiques, également à l'abri de tout reproche?

En voici un antérieur de deux jours à celui que l'on vient de citer. C'est une vente faite le 5 fructidor an III, au citoyen J.-B.-Joseph Coget, fermier des terres de Férin.

« Furent présents le citoyen Nicolas-Joseph Lesurques et la citoyenne Jeanne-Joseph Campion, son épouse, qu'il autorise à l'effet ci-après, lesquels ont vendu au profit du citoyen J.-B.-Joseph Coget, cultivateur, ici présent, et acceptant pour lui et pour la citoyenne Catherine Carpentier, son épouse, vingt rasières, une coupe et un quarel environ de terres à labour, situés en trois pièces au terroir de Férin, provenant aux comparants d'acquisition qu'ils ont faite de la nation, devant l'administration du district de Douai, le 19 janvier 1792 (vieux style), comme bien dépendant de la ci-devant abbaye de Saint-Amand, desquelles terres la déclaration suit, savoir : 1° Quatorze coupes.... Pour desdites terres, jouir, faire et disposer par les acquéreurs et leurs hoirs, en pleine propriété, dès cejourd'hui, aux mêmes droits qu'avaient les comparants avant ces présentes, en vertu de ladite acquisition, se réservant, les vendeurs, le fermage à échoir le 10 frimaire prochain, et pour cette fois seulement. Cette vente faite moyennant la somme de quatre-vingt-deux mille trente livres cinq sols, pour prix principal et épingles, payée comptant aux vendeurs, à la vue desdits notaires, dont quittance. Promettant, obligeant et renonçant ladite femme au bénéfice de l'authentique *si qua mulier*...... Ainsi fait et passé le 5 fructidor an III de la république. A la minute ont signé J. Lesurques, Campion, J.-B.-J. Coget; et, comme notaires, Dumont et Allard. Enregistré à Douai, le 7 fructidor, etc. »

Quels témoignages faut-il de plus pour démontrer que le sieur Lesurques était propriétaire réel, incontestable de la ferme de Férin? Quelle possession a jamais reposé sur des titres plus authentiques? Eh bien! ajoutons de nouvelles démonstrations.

Le 24 fructidor an II, Joseph Lesurques et son épouse Jeanne-Joseph Campion vendent, au profit de la citoyenne Agnès-Jacqueline Dalivost, veuve de Jean-Marie Goval, *après apposition d'affiches*, diverses parties de terres sises au Férin, moyennant la somme de trente mille francs, dont quinze mille francs comptant et *quinze mille francs en dix paiements égaux de* 1,500 *livres chacun, avec les intérêts à cinq pour cent, sans retenue, payables chaque année à l'époque du même jour*, pour sûreté de quoi les biens susvendus doivent demeurer légalement obligés et par privilége; de sorte que le premier paiement sera exigible un an après la date dudit acte, et les autres ainsi de suite; etc. Fait et passé à Douai, le 24 fructidor an II, signé : Lesurques, Campion, Dalivost veuve Goval.

Ainsi, pendant un an entier, Lesurques et son épouse vendent ostensiblement, par-devant notaire, avec apposition d'affiches, par adjudication publique, les portions de la ferme de Férin qu'ils jugent à propos de retrancher de leur domaine. Et c'est au président de l'administration du district qu'ils font une de ces ventes, c'est-à-dire à celui qui, de tous les citoyens de Douai, pouvait savoir le mieux si Lesurques était légitime propriétaire; c'est à Coget qui tenait ces terres à bail, qui les tenait depuis long-temps, qui ne pouvait ignorer à qui elles appartenaient, qui chaque année en payait les fermages à Joseph Lesurques; c'est à une dame Goval à laquelle Lesurques donne dix ans pour payer la moitié restante de son acquisition, témoignage irrécusable de la légitimité de sa possession.

Telle était sa position relativement à cette propriété lorsqu'il réalisa le projet de s'établir à Paris. Jusqu'alors la fortune n'avait filé pour lui que des jours d'or et de soie. Son avenir se présentait sous les formes les plus douces; il possédait environ dix à douze mille francs de rente et n'avait aucune dette.

Après avoir logé quelque temps chez un de ses parents, il loua un appartement chez M. Momet, notaire, rue Montmartre, n'oublia rien pour le rendre agréable, le fit décorer et commanda son buste pour l'y placer. Un de ses compatriotes, peintre habile, fit son portrait. Ses liaisons habituelles étaient avec les sieurs Legrand, bijoutier, Hilaire Le Dru et Baudart, peintres fort connus à Paris. Quelle fatalité l'entraîna chez le sieur Richard ? Cet homme, qui travaillait dans l'orfévrerie et tenait un hôtel garni, était son compatriote. Lesurques ne le connaissait pas. Il y fut conduit par un sieur Guesno, qui avait une maison de roulage à Douai et logeait chez Richard. Celui-ci l'invita à déjeuner. Lesurques, jeune et confiant comme la plupart des hommes de province qui arrivent à Paris, accepta et répondit à cette politesse par une politesse semblable.

Inconcevable effet du destin ! Ce déjeuner devient l'arrêt de sa mort et la source de tous les malheurs de sa famille. J'ai exposé dans les mémoires précédents cette série de circonstances, de méprises et d'erreurs qui conduisirent à l'échafaud l'homme juste, l'homme innocent, le père de famille, à la place d'un scélérat dont la figure ressemblait à la sienne. Je m'abstiens d'en retracer ici les circonstances.

Mais après ce funeste et tragique événement, qui pourrait peindre la douleur, l'accablement, le désespoir de son épouse! Elle restait avec trois enfants en bas âge, sans ressource, sous le poids de l'opprobre. Écoutons-la décrire elle-même son horrible situation; elle la raconte souvent à ses enfants; et son récit nous révélera une circonstance de la plus haute importance dans la cause dont il s'agit.

« Après la fin cruelle de mon mari, j'étais plon-
« gée dans la plus profonde douleur; ma raison
« s'égarait; j'arrosais de mes larmes trois enfants
« condamnés désormais à la misère et à la honte;
« j'étais entourée de mes parents pleurant aussi
« autour de moi : l'image de mon mari, sa fin
« horrible, se représentaient sans cesse à ma pen-
« sée : je désespérais presque de la Providence.
« Au milieu de ces images funèbres, M. Lemoine,
« ancien conseiller à la Cour des Comptes, parut.
« Il venait, au nom de madame de Folleville, comme
« un ange consolateur, essayer de sécher mes lar-
« mes. C'était un homme de bien que M. Lemoine!
« Il me parla de mon avenir, me montra le sort
« funeste qui attendait mes enfants. Ils étaient tous
« les trois très petits, et pleuraient parce qu'ils
« me voyaient pleurer. Il me dit : Voyez si vous
« n'auriez pas ici des papiers qui pourraient peut-

« être servir à adoucir votre sort. Vous savez que « votre pauvre mari avait eu le projet de céder sa « ferme à madame de Folleville. Il y avait eu entre « eux un acte à ce sujet ainsi que des billets. Si « vous pouviez les retrouver, on essaierait de s'en « servir pour empêcher la perte de vos biens, car le « domaine public va s'en emparer. Il me parla des « intentions de madame de Folleville. Je n'y avais « pas une grande confiance; mais M. Lemoine était « un honnête homme. Mes parents m'engagèrent « à céder à ses instances. C'est une planche de salut, « me disaient-ils, qui vient s'offrir au milieu de « votre naufrage. Je cédai. On n'avait point mis « les scellés sur les papiers de mon époux. Je don- « nai la clef du secrétaire à l'une de mes parentes ; « elle passa une partie de la nuit à chercher, et « trouva enfin ce que M. Lemoine demandait. « Nous ne lûmes rien ; nous n'examinâmes rien. « J'hésitais encore ; mais on me pressa de nou- « veau, et les papiers furent remis. Je n'aurais ja- « mais souffert qu'on les confiât à d'autres mains « qu'à celles de M. Lemoine. Il m'avait promis « qu'avec ces pièces madame de Folleville empê- « cherait la saisie de mes biens. Mais ses promesses « restèrent sans effet, et je me trouvai dans la plus « affreuse position. »

Ce fut ainsi, suivant les souvenirs de madame

Lesurques, que l'acte du vingt-deux mai et les billets à ordre rentrèrent dans les mains de madame de Folleville; et son récit est d'autant plus digne de confiance, que c'est celui d'une femme modèle de bonté, de douceur, de piété, incapable de trahir jamais la vérité.

Madame de Folleville n'empêcha rien en effet, ne se présenta point pour faire valoir ses titres, et resta dans la plus complète inaction.

L'inexorable domaine saisit donc la ferme de Férin. Le séquestre est apposé sans obstacle sur tout ce que possédait l'infortuné Lesurques. Qui que ce soit ne réclame, si ce n'est sa veuve désolée qui, dans l'accablement de la douleur, réduite au travail de ses mains et à la pitié de ses parents pour élever trois enfants, invoqua la protection des tribunaux, représenta que la ferme de Férin ayant été acquise en communauté avec son mari, la moitié lui en appartenait aux termes de la coutume de Douai. La cause fut portée à Amiens, c'est-à-dire à quelques lieues du domicile de madame de Bussy. Le tribunal reconnut la légitimité du titre dont s'appuyait la veuve Lesurques. Mais, considérant que la communauté est passible des dettes contractées par l'époux, la renvoya à se pourvoir devant la république. Quelle triste ressource dans ces temps d'oppression et de tyrannie!

La république, sourde à toute réclamation, la laissa sans pitié se consumer dans la douleur et le désespoir. Arrêtons-nous ici pour connaître la justice de ces temps malheureux.

Le jugement qui avait frappé la tête du malheureux Lesurques le condamnait solidairement, avec ses co-accusés, à rembourser les sommes enlevées au courrier de Lyon. Ces sommes montaient à 70,000 livres. La république avait le droit de les prélever sur les biens de Lesurques. Le reste devait être restitué à sa famille. La république garda tout. L'empire imita la république, et les biens de l'infortunée famille Lesurques furent vendus en 1810, au profit du trésor public. Le fisc ne fut jamais interrompu dans sa possession que par les soupirs, les larmes et les vaines réclamations de la veuve et des enfants du juste indignement immolé sur l'échafaud.

Près de vingt-six ans s'écoulèrent dans cette déplorable situation. Enfin des jours moins malheureux vont tarir une partie des pleurs de cette infortunée famille, et j'ai le bonheur d'y coopérer. Dès 1796, à l'époque où Joseph Lesurques avait été si indignement condamné à perdre la vie, je n'avais pu, en lisant les détails de son procès, me défendre de la pensée qu'il mourait innocent. J'avais frémi d'indignation lorsque le conseil des

Cinq Cents, consulté par le Directoire et pressé d'accorder un délai, avait passé à l'ordre du jour sous le prétexte de ne porter aucune atteinte à l'autorité du jury. Le souvenir d'une si farouche iniquité était resté profondément gravé daus ma mémoire. J'en avais même exprimé mon indignation dans une des feuilles de ce temps.

En 1821, une circonstance imprévue me fit connaître la famille de cette déplorable victime des erreurs humaines. Je saisis avec empressement l'occasion d'examiner ce procès, de faire briller, s'il était possible, l'innocence de la victime, et de donner à cette cause un grand éclat. Je rédige donc une notice historique sur la vie et la mort de Joseph Lesurques. J'expose les principales circonstances du fatal jugement qui l'a envoyé à la mort. L'attention publique se fixe sur ce grand et inique procès. Je rédige une pétition à la Chambre des Pairs et à celle des Députés. Elle est présentée le 9 novembre 1821, et accueillie avec le plus généreux intérêt. Je suis puissamment secondé par l'honorable et nombreuse députation du département du Nord, convaincue comme moi de l'innocence de Lesurques. Les deux chambres ordonnent un rapport, et tous les cœurs s'ouvrent enfin à la pitié.

Jusqu'à ce jour, la communication des principales pièces du procès avait été refusée. Le ministre de la justice et M. Bellart, procureur général, me l'accordent. M. Bellart avait, comme moi, gardé le souvenir de ce mémorable procès. Le barreau de Paris n'avait jamais douté de l'innocence de Lesurques.

Je me hâtai d'examiner les pièces qui m'étaient remises tant à Paris qu'à Versailles. Je les étudiai avec la plus scrupuleuse attention. La vérité ne tarda point à m'apparaître. Je rédigeai un mémoire au roi, et j'y prouvai jusqu'à la dernière évidence la déplorable erreur qui avait entraîné le juste à l'échafaud. La Chambre des Pairs en fut tellement frappée, qu'elle s'empressa d'admettre, comme je l'ai dit, une proposition tendante à supplier Sa Majesté de réparer la lacune du Code pénal, qui ne permet les demandes en réhabilitation que dans des cas extrêmement rares et presque impossibles.

Je sollicitai la restitution des biens saisis sur la malheureuse famille dont je plaidais la cause. Elle était sans ressource. Sur la recommandation de M. Courtin, ancien procureur du roi, le généreux M. Laffitte, auprès duquel le malheur est toujours assuré de trouver des secours, ouvre un crédit sur sa caisse. M. de Corbière, lui-même, accorde une somme de 3,000 livres. Je me charge de l'éducation du jeune héritier de cette famille.

Cette cause retentit dans toute la France et dans l'Europe entière. Elle est reproduite dans les journaux anglais, allemands, italiens. Tout ce que le barreau de Paris et de Douai renferme de plus distingué par les lumières et le talent y prend le plus vif intérêt.

Mais le fisc avare rendra-t-il ? La question est soumise au Conseil-d'État, et M. le garde-des-sceaux Peyronnet charge M. Zangiacomi de lui faire un rapport sur cette affaire. Le Conseil-d'État, consulté par M. de Villèle, suspend son avis jusqu'à ce rapport. S'il est favorable, me dit un des membres du Conseil, notre avis le sera probablement aussi ; s'il ne l'est pas, nous partagerons ses sentiments.

Je savais que la plus grande difficulté n'était pas de reconnaître l'innocence de Lesurques, cela ne coûtait rien ; mais c'était de rendre les biens confisqués (car on croyait, contre toute raison, qu'ils avaient été confisqués).

Disons ici la vérité, sans aucune de ces timides réticences, de ces pusillanimes ménagements qui ne la tuent que trop souvent. Tout m'annonçait que l'on était peu disposé à restituer, qu'on désirait un rapport qui favorisât ces cupides intentions.

Le rapport de M. Zangiacomi fut ce qu'on désirait pour ne pas restituer les dépouilles du malheureux Lesurques. Je n'ai point à examiner ici sa pensée, à discuter s'il accommoda son opinion d'après des vues ministérielles; mais enfin, par une déplorable fatalité, M. Zangiacomi reproduisit sous une forme nouvelle tous les sophismes qui avaient conduit un innocent à l'échafaud, dans un temps où n'étaient pas encore connues toutes les preuves qui auraient dû le sauver.

Mais si ce rapport fut promptement suivi par un avis conforme du Conseil-d'État, qui concluait à ne rien restituer, ce déplorable triomphe ne fut pas de longue durée, et la vérité ne tarda pas à reprendre ses droits imprescriptibles. Je répondis et au rapporteur et à l'avis du Conseil-d'État; je rectifiai les faits, je réfutai les sophismes, et la restitution fut ordonnée.

Honneur à M. de Villèle! car je me plairai toujours à rendre un témoignage éclatant aux sentiments d'équité qu'il déploya dans cette affaire. Honneur à M. le comte de Chabrol! alors directeur-général des domaines. Son cœur s'ouvrit généreusement à la justice et à la pitié, et bientôt une décision du ministre des finances adjugea à la famille Lesurques une somme de deux cent vingt-quatre mille francs en dédommagement de la saisie que le domaine avait faite de ses biens. Cette indemnité ne pouvait être regardée que comme provisoire; car le fisc retenait encore 1° soixante-dix mille francs auxquels on évaluait l'argent et les bijoux enlevés au courrier de Lyon; 2° quinze mille francs pour frais d'administration de biens injustement saisis, injustement gardés, illégalement vendus; 3° le ministre ne liquidait les sommes perçues par l'État que jusqu'en 1816, et nous étions en 1822; à quelles indemnités les héritiers Lesurques n'auraient-ils pas eu droit encore, s'ils eussent été créanciers d'un débiteur moins avare que le fisc! Ils furent remboursés en rentes sur le grand-livre à cinq pour cent, et ils en jouissaient paisiblement, lorsque la dame de Bussy, ou peut-être en son nom un spéculateur audacieux, qui fut long-temps l'instrument de ses intérêts, forma l'odieux projet de les en dépouiller. On prétendit tout à coup, au nom de madame de Bussy, qu'elle était propriétaire de la ferme de Férin, et créancière de soixante-deux mille francs en billets à ordre.

Déployons ici les circonstances de ce procès, et traduisons sur une scène d'ignominie les personnages dont nous avons à combattre la honteuse cupidité. Dans toute action judiciaire, comme dans toute action dramatique, il est important de faire connaître les principaux acteurs. Je sais qu'il est des circonstances où la vérité exposée sans voile deviendrait un libelle; je sais ce qu'exige de ménagements le repos de la société quand il s'agit de peindre la vie privée des individus; j'observerai ces lois; je garderai des ménagements en traçant les deux portraits dont j'ai à m'occuper. Qu'on ne s'attende donc pas que je révèle ici tout ce que je sais. J'aurai des égards, même pour madame de Folleville et son confident intime, le solliciteur actif de ce procès.

Ce dernier est fils d'un cultivateur de Spy, près Saint-Quentin. Sa famille était très nombreuse : il commença des études de notariat à Saint-Quentin. Il logeait chez un serrurier-mécanicien dont il épousa la fille en 1787. Vers la même époque, il fit l'acquisition d'une étude de notaire à Péronne, pour la somme de douze mille francs.

La vente des biens nationaux, qui commença en 1790, lui produisit quelques bénéfices; il délivrait à ceux qui venaient le lui demander, la désignation des biens du clergé dont les baux étaient dans son étude.

Au nombre des soumissionnaires les plus empressés des départements de la Somme, du Nord, du Pas-de-Calais, se trouvait en première ligne M. S. Henri de Saint-S...n, descendant des ducs de ce nom. Il avait fait, avec M. de Lafayette, les campagnes d'Amérique, où il avait été témoin de la chute du papier-monnaie. A son retour, il était allé à Londres, et y avait connu M. de R.-N., qui, persuadé comme lui que les assignats subiraient le même sort que le papier d'Amérique, lui avait remis des sommes considérables, en le chargeant d'acheter des biens nationaux, et d'en payer les douzièmes avec des assignats qu'il se procurerait successivement.

Tous les départements du nord devinrent le théâtre de ses opérations. Paris même ne put y échapper, et l'on se souvient peut-être encore qu'il soumissionna l'Hôtel-des-Fermes, la plaine des Sablons et le Palais-Royal.

M. de Saint-S... ne pouvait être partout. Il lui fallait des agents aguerris pour suivre ses enchères et braver la défaveur publique. Le sieur C..... fut un de ces agents, et certes le plus intrépide et le plus empressé.

A cette époque il fit une nouvelle connaissance dont les nœuds ne sont point encore rompus.

Madame la marquise de Folleville habitait le château de Mannaucourt, près de Péronne. Le marquis, membre de l'Assemblée Constituante, était à Paris. Elle était loin de partager les idées de son époux. Imbue des principes du temps, elle voyait, dit-on, sans chagrin la marche de la révolution ; c'était ce qu'on appelait une femme au-dessus des préjugés. Elle avait, comme M. de Saint-S...n, le projet de spéculer aussi sur les biens nationaux, jouissait d'une fortune considérable en dîmes inféodées, tant en Picardie que dans le Berry. Elle se flattait aussi, comme je l'ai déjà dit, de recouvrer sur l'État une somme considérable qui lui venait de M. de Bussy, son oncle.

Madame de Folleville a de l'esprit; elle passait dans la province pour avoir le goût du beau. M. C. était bien fait, et se présentait avantageusement. L'apprécier et l'attacher à ses intérêts ne fut que l'affaire d'un moment; et l'on se rappelle encore dans le pays un mot plaisant de madame la marquise : *Coûte que coûte, il me faut C...e.* Il devint dès-lors son agent le plus actif. En peu de temps il acheta pour elle un grand nombre de propriétés nationales, tant à Péronne qu'à Bapaume, Arras, Douai. Leurs relations mutuelles devinrent fréquentes et animées. M. C...e n'avait plus à Péronne qu'un pied à terre. Le château de madame la marquise s'était transformé pour lui en maison de plaisance, qu'une nombreuse société rendait très souvent l'objet des causeries publiques.

Sur la fin de l'Assemblée Constituante, M. de Folleville, qui s'y était fait remarquer par son opposition au parti populaire, revint à son château, parut ne pas s'y plaire et émigra. Sa fidèle Pénélope profita de l'occasion et divorça. Ce fut à cette époque qu'elle vint à Douai, qu'elle vit Joseph Lesurques, lui donna sa confiance et le chargea d'acheter pour elle trois fermes : *Cantin*, *Breuille-aux-Bois* et *Vernecueil*. Ces nouvelles liaisons affaiblirent un peu celles qu'elle avait précédemment contractées avec le sieur C...e. La confiance se trouvait partagée, et l'on ne doit point s'étonner si, dans le cours de ce procès, on voit le sieur C...e se faire le détracteur d'un homme qu'il regardait alors comme un dangereux rival.

On a vu, à la suite de ces événements, la fin tragique de Joseph Lesurques et la rentrée tardive et incomplète de ses revenus entre les mains de sa famille. Il faut maintenant tracer d'autres scènes et flétrir d'une juste réprobation ceux qui ont tramé le lâche complot de s'approprier ces tristes débris.

Madame de Folleville avait toujours convoité la ferme de Férin. Ce bien rapportait, à l'époque où il fut vendu, 7,000 livres argent : il était susceptible d'amélioration. On avait de longs termes pour le payer en assignats ; et si madame de Folleville n'eût pas été privée de ses dîmes inféodées et de la somme considérable que le gouvernement paraissait devoir à M. Bussy, son oncle, il est probable que l'acte du vingt-deux mai eût été réalisé, et qu'elle serait devenue propriétaire de ce domaine. Ce n'était pas sans peine qu'elle y avait renoncé. Ce n'était pas sans regret qu'elle vit Lesurques renouveler les baux avec avantage, en toucher les revenus, et en vendre une partie qui suffisait seule pour payer la totalité de l'acquisition; car madame de Folleville n'a jamais passé pour faire du désintéressement la plus chère de ses vertus. Il est probable encore qu'elle éprouva quelque chagrin quand elle se dessaisit de l'acte du vingt-deux mai. Je ne veux point enlever à madame de Folleville quelques sentiments plus honorables. Lorsqu'un événement tragique priva de la vie le malheureux Lesurques, elle parut d'abord partager sincèrement la douleur de sa famille; et je veux croire ici que la démarche qu'elle fit faire auprès de la veuve par M. Lemoine fut le premier mouvement d'un cœur généreux et compatissant.

Mais l'état où se trouvait cet acte ne lui permettait pas d'en faire usage ni pour la famille Lesurques, ni pour elle-même, quand même elle eût eu la coupable pensée d'en abuser.

La clause résolutoire dont il était chargé rendait ce projet impraticable; et M. Lemoine était trop homme de bien pour qu'on pût lui rien proposer contre les devoirs de l'honneur et de la probité. En vain, lorsque l'infortunée veuve Lesurques revint à Douai, madame de Bussy essaya-t-elle de lui faire réformer ou régulariser l'acte du 22 mai, en lui offrant d'abord de lui donner six cents, puis neuf cents livres de rente; madame Lesurques s'y refusa constamment. Ainsi les biens de Lesurques furent saisis sans aucune réclamation de madame de Bussy; le domaine en renouvela les baux sans réclamation de madame de Bussy; on les vendit sans réclamation de madame de Bussy. Mais M. Lemoine mourut, et l'on se trouva plus à l'aise. La pièce passa dans des mains plus hardies et moins délicates. La cupidité fit entendre ses avares et coupables accents, et l'on n'hésita plus à accomplir une action d'une horrible perversité, un délit monstrueux, qui n'a été, pour l'honneur de madame de Bussy, que trop incontestablement démontré. On eut recours à ces moyens criminels dont les faussaires ne font qu'un trop fréquent usage. On appela la chimie à son secours; on fit disparaître les clauses qui importunaient; et quand on crut la pièce suffisamment arrangée, on la déposa chez Me Machard, notaire à Amiens, le 16 mars 1803, onze ans après sa date, et sept ans après la mort de l'infortuné Lesurques. Madame de Bussy en certifia la sincérité à la marge du recto. Sa main ne recula point. On dressa l'acte de dépôt, et la pièce fut déposée entre les deux feuilles de cet acte. Mais la Providence veillait. Les faussaires se pressèrent trop. La pièce était encore humide. Les traces de l'agent chimique réagirent sur les feuilles de l'acte de dépôt et sur l'écriture de madame de Folleville, et leur imprimèrent des taches qu'elles conservèrent jusqu'à l'ouverture du procès. La pièce principale sortit de cette épreuve horriblement défigurée. Une partie des lettres s'affaiblit à un tel point qu'il fut presque impossible de les reconnaître sans une loupe; et l'acte entier se colora d'une forte teinte jaunâtre. Pour masquer ce qu'on avait fait disparaître au verso, on écrivit transversalement, au-dessous de la signature, une espèce d'analyse du contenu de cette déclaration. On coupa même, pour opérer plus vite, les premières lignes du verso; et comme elles ne faisaient plus suite aux dernières du recto, on y remédia au moyen d'un renvoi qu'on indiqua à la fin du recto, et qu'on rejeta à la fin de la déclaration sur le verso. On se pressa encore trop. Le renvoi fut si mal combiné, qu'il n'opéra pas la liaison qu'on désirait, ainsi qu'on le verra bientôt plus amplement.

Un acte déposé chez un notaire est d'une grande ressource pour les gens bien avisés. On en tire une copie notariée; on la fait valoir comme l'acte même, et l'on se dispense de produire l'original. Ce fut sur cet expédient que madame de Folleville fonda ses espérances.

Armée d'une de ces copies, elle s'adressa, en 1803 (mois de germinal an XI), au préfet du Nord, pour faire valoir ce qu'elle appelait ses droits sur la ferme de Férin. Cette circonstance est du plus haut intérêt pour la cause. Tout le procès est, en quelque sorte, renfermé dans la requête de madame de Folleville, et la réponse du directeur du domaine. Reproduisons ces deux pièces.

PRÉFECTURE DU NORD.

ARCHIVES DÉPARTEMENTALES.

COPIE D'UNE PIÈCE DÉPOSÉE AUX ARCHIVES DÉPARTEMENTALES DU NORD (CARTON N° 15, DOSSIER N° 44), AINSI QU'IL SUIT.

N° 1, COTÉE A, N° 3943.

AU PRÉFET DU DÉPARTEMENT DU NORD.

« CITOYEN PRÉFET,

« Catherine-Sophie-Charlotte de Bussy, épouse « divorcée d'Antoine-Charles-Gabriel de Folle- « ville, demeurant à Amiens, département de la

« Somme, vient invoquer votre sollicitude sur « un objet digne de la fixer, puisqu'il s'agit du « droit le plus respectable en droit civil, celui de « propriété.

« Le nommé Lesurques, de Douai, condamné « à la peine de mort comme assassin du courrier « de Lyon, et dont les biens sont actuellement « sous la main du fisc, avait toute ma confiance « dans le commencement de l'aliénation des do- « maines nationaux; il acheta alors pour moi « quelques fermes dans l'arrondissement du dis- « trict de Douai. Le principal objet dont il se « rendit adjudicataire, *pour mon compte*, fut la « ferme de Férin, dépendante ci-devant de l'ab- « baye de Saint-Amand, composée de *maison*, « *ferme, bâtiments et dépendances*, *trois cents* « *mesures de terres labourables*, *ou environ*, *et* « *plantations sur les chemins*.

« Cette ferme lui fut *adjugée le* 19 *janvier* 1792; « le 22 mai suivant, il fit une déclaration chiro- « graphaire, portant que cette acquisition a été « faite par lui, pour mon compte; que la somme « de 21,600 liv., formant les 12 pour cent de celle « de 180,000 liv., prix principal, lui a été remise « par moi, etc., etc., etc... Cette déclaration a « été enregistrée à Péronne le 25 nivôse de « l'an III.

« Par suite de la condamnation de Lesurques,
« cette ferme se trouve aujourd'hui séquestrée.

« Ma confiance dans Lesurques était entière;
« j'étais loin de présumer qu'il pût en abuser. Sa
« conduite envers moi, en 1791 et dans les six
« premiers mois de 1792, éloignait de moi tout
« soupçon; j'étais tranquille sur les biens que je
« possédais dans le département du Nord, dont
« l'administration lui était confiée, *lorsqu'au mois*
« *de pluviôse an III*, je fus instruite que Lesur-
« ques menait une vie déréglée à Douai. Un de
« mes amis s'y transporta, alla chez lui muni de
« mes pouvoirs pour lui demander le compte de
« sa gestion et l'emploi de mes deniers. Un mois
« se passa en discussion; enfin, le 7 ventôse an III,
« Lesurques avoua qu'à l'exception de 21,600 l.,
« formant les 12 pour 100 de cette acquisition de
« Férin, et de 43,453 l. 3 s. 10 d. par lui payés le
« 18 prairial an II, il avait dissipé les sommes que
« je lui avais fait passer. Ces sommes s'élevaient
« à 147,600 l. que Lesurques devait verser dans la
« caisse du district, sur environ 350,500 que j'y
« devais; mais il prouva qu'il avait payé sur l'ac-
« quisition de Férin la somme de 65,000 l. envi-
« ron, savoir, 21,936 l. le 26 mai 1792, et
« 43,453 l. 3 s. 10 d. le 18 prairial an II. Pour les
« 72,600 l. qu'il avait dissipées, il souscrivit trois

« billets qui ont été enregistrés à Péronne le 6 ther-
« midor an III.

« Indépendamment des sommes que j'avais en-
« voyées à Lesurques, il avait touché pour moi
« du fermier de Férin, de mes fermiers de Cantin
« et Vernecueil plus de 40,000 l. Il fut convenu
« qu'il allait faire et dresser son compte et qu'il le
« solderait. Quelques mois se passèrent, et Lesur-
« ques disparut de Douai pour aller s'établir à
« Paris. On l'y chercha, on eut extrêmement de
« peine à le découvrir, et après en avoir eu encore
« plus à l'amener au point de terminer avec moi,
« au moment où on espérait y parvenir, il fut ar-
« rêté comme assassin du courrier de Lyon, et
« bientôt après condamné à mort.

« 1° Vous avez sans doute entendu parler, citoyen
« préfet, des réclamations qui ont été faites par
« Lesurques et sa famille de l'erreur dont on a
« prétendu qu'il avait été la victime. Depuis six
« ans, la veuve sollicite sa réhabilitation; ses con-
« seils ont long-temps conservé l'espoir de la faire
« prononcer, mais ils paraissent l'avoir perdu : et
« je puis aujourd'hui, sans nuire à personne, ré-
« clamer devant vous un bien qui m'appartient
« légitimement.

« 2° Si Lesurques eût été réhabilité, sa veuve et
« la famille de ses enfants ne m'auraient point op-

« posé de difficultés, ou ils l'auraient fait vaine-
« ment.

« On ne m'objectera pas sans doute la tardiveté
« de ma réclamation, je viens d'en donner la rai-
« son. Pouvais-je en effet intervenir dans une af-
« faire criminelle pour autoriser par ma dénoncia-
« tion, et légitimer, pour ainsi dire, les soupçons
« élevés contre un accusé ? Devais-je mettre de-
« puis un obstacle à sa réhabilitation ? Ces motifs
« seront appréciés et me dispenseront de toute
« autre réflexion.

« 3° *Le paiement des* 12 *pour* 100 *excepté, je*
« *ne puis établir d'une manière positive que les*
« *paiements effectués sur le principal de cette*
« *vente aient été faits de mes deniers ; mais il*
« *n'est pas moins certain qu'ils ont été faits en*
« *mon acquit.*

« 4° Je puis établir par les créances que j'ai sur
« Lesurques; que l'acquisition étant reconnue faite
« à mon profit, le fisc n'ayant rien à réclamer sur
« les paiements, s'il a des droits à exercer comme
« représentant Lesurques en raison des sommes
« versées par lui ; ce ne peut être qu'une opération
« secondaire si l'on admettait que les sommes dus-
« sent subir la confiscation : dans tous les cas, je
« suis prête à satisfaire le trésor public.

« Il est donc établi, citoyen préfet, par l'acte

« ci-joint, que Lesurques a acquis pour moi la « ferme de Férin; qu'il a payé en mon acquit les « 12 pour 100, et, par une conséquence nécessai- » re, les versements postérieurs.

« Veuillez donc arrêter qu'il est reconnu que « ladite ferme de Férin a été acquise pour moi; que « j'en suis propriétaire incommutable; et que les « fruits perçus me seront restitués, compensation « faite des dépenses acquittées par la République.

« *Signé :* Catherine-Charlotte-Sophie Bussy. »

« En marge est écrit ce qui suit :

« Renvoyé au directeur des domaines pour « donner son avis. Fait à l'hôtel de la préfecture, « à Douai, le 4 germinal an XI. »

« Dieudonné. »

AVIS DU DIRECTEUR DES DOMAINES.

« Le directeur de l'enregistrement et des do- « maines, après avoir pris lecture de la pétition de « la citoyenne Catherine-Sophie de Bussy, se di- « sant épouse divorcée d'Antoine-Charles-Gabriel « de Folleville, et qui lui a été renvoyée par le « préfet du département le 4 germinal présent « mois pour donner son avis, a cru devoir recueil- « lir préalablement tous les renseignements dont

« il avait besoin pour connaître les droits de la « République et ceux de la pétitionnaire.

« Celle-ci réclame et se prétend propriétaire « incommutable de la ferme de Férin, provenant « de la ci-devant abbaye de Saint-Amand, et qui « a été vendue au nom de la République par le « ci-devant district de Douai, le 12 janvier 1792, « à la forme des lois lors existantes, au nommé « Nicolas-Joseph Lesurques, demeurant à Douai, « moyennant la somme de 180,000 liv. La pétition- « naire fonde sa réclamation et établit son titre de « propriété sur une reconnaissance et déclaration « faite par Lesurques sous signature privée, à Douai, « le 22 mai 1792, et qui paraît avoir été enregis- « trée au bureau de Péronne, le 25 nivôse an III; « laquelle déclaration porte que la ferme de Fé- « rin et dépendances, que lui Lesurques a acqui- « ses, sont pour le compte de madame de Bussy, « et qu'il s'oblige de faire la présente déclaration, « soit à la suite du procès-verbal d'adjudication, « soit devant notaires, à toute réquisition. Le- « surques déclare en même temps que la somme « de 21,600 l., formant les 12 pour 100 du prix « principal de la vente, lui a été présentement re- « mise par ladite dame de Bussy; qu'il s'oblige « de la verser dans la caisse du district, et d'en « remettre la quittance ès mains de la cession-

« naire. Cette déclaration a été déposée, le 25 ni-
« vôse an XI, chez les notaires de la ville d'Amiens,
« qui en ont donné acte à la requérante. Madame
« de Bussy paraît avoir prévu plusieurs des ob-
« jections qui pourraient lui être faites; elle a ex-
« pliqué les motifs qui l'ont déterminée à différer
« sa réclamation et à s'opposer à aucun acte, soit
« de la part de Lesurques, soit de celle de la Répu-
« blique, qui fût contraire à ses intérêts. Le direc-
« teur croit inutile de suivre la pétitionnaire dans
« le détail de ses allégations qui sont dénuées de
« preuves, soit à l'égard de la confiance qu'elle a
« donnée à Lesurques, soit à raison des fonds
« qu'elle dit avoir fournis au-delà des 21,600 l.
« pour les 12 pour 100 ; il va, sans rien préjuger
« sur les droits que peut avoir madame de Bussy,
« ni sur ceux qu'elle exerce, préciser les faits, in-
« voquer les principes, et former son opinion d'a-
« près la loi.

« La question se réduit à savoir si la pétition-
« naire a été subrogée aux droits de Lesurques,
« ou si elle est devenue propriétaire incommuta-
« ble. L'acte qu'elle rapporte est imparfait : si
« Lesurques avait eu l'intention d'acquérir pour
« un autre, il se serait réservé, par le procès-
« verbal d'adjudication du 19 janvier 1792, la
« faculté de faire une déclaration de command,

« et, sans cette réserve, il ne pouvait plus être « admis, aux termes du décret du 13 septembre « 1791, à faire cette déclaration; celle qu'il a « faite le 22 mai 1792, à Douai, et qui n'a été « soumise à la formalité de l'enregistrement au « bureau de Péronne que le 25 nivôse an III, « est isolée; elle n'a aucun caractère légal, elle « n'a été faite devant aucune autorité, elle n'a pas « suffi pour opérer la tradition; elle annonce seu- « lement, de la part de Lesurques, l'intention de « rétrocéder, et la preuve en résulte de l'obliga- « tion qu'il s'est imposée de faire cette déclara- « tion, soit à la suite du procès-verbal d'adjudi- « cation, soit devant notaire, à toute réquisition. « Cette obligation, que s'était imposée Lesurques, « prouve clairement que la pétitionnaire et lui « avaient senti la nécessité de rédiger un autre « acte pour effectuer ou consommer la rétroces- « sion. Or, la pétitionnaire ne produit point cet « acte; elle est donc sans titre, puisque cette ré- « trocession seulement projetée n'a point été con- « sommée. La République ne peut donc connaître « que Lesurques, d'après le procès-verbal d'ad- « judication du 19 janvier 1792; elle ne demandera « pas à madame de Bussy pourquoi elle a laissé « agir Lesurques, ni quels arrangements elle a « pris avec lui pour retirer la somme de 21,600

« francs qu'elle lui avait remise pour payer les « douze pour cent. Le directeur ne peut motiver « son avis ou former son opinion que d'après des « titres authentiques ou des pièces justificatives, « ou enfin d'après ce qu'il voit. La pétitionnaire « ne prouve pas que Lesurques se soit réservé, « par le procès-verbal d'adjudication, la faculté « d'élire un command; elle ne prouve pas que la « nomination ou la déclaration de command ait « été faite en vertu de cette réserve; elle n'a donc « point été subrogée aux droits de Lesurques; « elle ne produit pas un acte de rétrocession par- « devant notaires, ou qui ait une date certaine.

« Par la formalité de l'enregistrement, il n'y a « donc pas eu de tradition opérée; la pétitionnaire « n'est donc ni cessionnaire ni propriétaire; elle « peut seulement être créancière de Lesurques, « d'une somme de 21,600 fr., si toutefois, par des « arrangements ultérieurs, elle n'en a pas été payée « avec d'autres valeurs. Le directeur joint ici deux « relevés ou extraits, l'un des sommes des ventes « ou du compte qui a été ouvert à l'acquéreur, « l'autre du bail que Lesurques a consenti à usage « de ferme, et des actes de ventes ou cessions qu'il « a faites par-devant notaires, de plusieurs parties « de son acquisition.

« Il résulte du premier de ces relevés ou ex-

« traits, que Lesurques a fait comme acquéreur, et « en son nom seul, tous les paiements, et qu'au- « cun enregistrement ne porte que ces paiements « aient été faits d'aucuns deniers de la pétition- « naire. On remarque au contraire, par le second « de ces relevés, que Lesurques, en vendant à dif- « férents particuliers 83 des deux cent quatre- « vingt-douze rasières environ qui composaient sa « ferme, en a tiré huit mille francs de plus que « le prix total de son acquisition. Il a acheté le « tout 180,000 livres, et il en a vendu à peu près « le tiers 188,974 fr., encore a-t-il eu en sus les « bâtiments ! On peut en conclure que Lesurques « n'a pas eu besoin du secours de la pétitionnaire ; « que la déclaration qu'il a faite le 22 mai 1792 « était un acte préparatoire, un acte de complai- « sance dont l'effet devait être subordonné aux « circonstances, une déclaration qu'il aurait con- « vertie en rétrocession, si les ventes partielles « qu'il a faites ne lui eussent pas été aussi avanta- « geuses ; on a donc eu raison de dire que cet acte, « produit par la pétitionnaire, est également im- « parfait dans la forme et au fond, et qu'il ne « peut être pris en aucune considération.

« La preuve que Lesurques était seul connu comme « acquéreur et propriétaire peut encore se tirer de « la qualité de la plupart des cessionnaires qui ont

« traité avec lui, et qui sont trop versés dans les « matières litigieuses pour s'être exposés à faire une « mauvaise acquisition. Si la propriété eût été « contestée, s'ils n'eussent pas cru que Lesur- « ques était seul propriétaire, ou que celui-ci « eût subrogé un tiers à ses droits, ces cession- « naires auraient au moins exigé de Lesurques « la représentation des pouvoirs qu'il avait pour « traiter avec eux.

« Lesurques, en sa qualité de propriétaire, a « affermé par acte authentique, le 23 floréal an II, « au citoyen J.-B. Coget, le domaine qu'il a ac- « quis : ce fermier a joui paisiblement du béné- « fice de son bail sans avoir été troublé par la « pétitionnaire. Mais Lesurques a été condamné « à la peine de mort par jugement du tribunal « criminel du département de la Seine, du 18 « thermidor an IV. Ses biens ont été déclarés ac- « quis et confisqués au profit de la République; « les préposés de l'administration des domaines « les ont administrés depuis; et le bail dont il « vient d'être parlé, du 23 floréal an II, ayant été « expiré, il a été renouvelé le 16 ventôse dernier, « au profit de la République, sans que madame de « Bussy s'y soit opposée, quoiqu'elle ne fût plus « arrêtée par aucun des motifs qu'elle a allégués « dans sa pétition. D'après les considérations qui

« viennent d'être développées, le directeur estime « qu'il n'y a pas lieu à délibérer.

« Observé à Douai, le 10 germinal an XI.

« *Signé* : HAUFFROY.

« Pour copie conforme :

« Le secrétaire général de la préfecture du Nord,

« DE WELDERMETH.

« G. R. Droits d'expédition. 6 r. 4 fr. 50. c. »

Combien de réflexions ces deux pièces ne font-elles pas naître! Je ne relève pas ici l'accusation que se permet madame de Bussy contre le malheureux Lesurques, d'avoir dissipé les deniers qu'elle lui avait confiés. La réfutation de cette calomnie trouvera sa place ailleurs. Mais je noterai soigneusement l'aveu qu'elle fait, qu'*à l'exception des douze pour cent, elle ne peut établir d'une manière positive que les paiements effectués sur la vente de Férin aient été faits de ses deniers*. Mais si la ferme de Férin n'a point été payée des deniers de madame de Bussy, si elle ne peut l'établir d'une manière positive, quel droit prétend-elle à la propriété? On a vu par le tableau cité plus haut que cette ferme a été acquise au nom seul du malheureux Lesurques, qu'il en a acquitté tous les paiements de ses propres deniers. Où sont donc les droits de madame de Folleville? Est-on propriétaire d'une chose que l'on n'a ni achetée ni payée? Parlera-t-elle de la déclaration du 20 mai 1792? Mais, indépendamment des opérations qu'on y a pratiquées, quelle preuve plus évidente de sa nullité que l'inaction où est restée madame de Bussy pendant onze ans?

Avant le malheur de Lesurques, elle n'exige de lui ni déclaration de command ni ratification par-devant notaire. Elle lui laisse vendre en son nom et en celui de sa femme une partie de cette ferme sans aucune réclamation. Lorsqu'il est mort, elle ne fait aucune opposition à la saisie de cette ferme, et les raisons qu'elle en donne sont tellement puériles, tellement absurdes, qu'il devient inutile de les réfuter. Elle ne voulait pas troubler, dit-elle, l'espoir que nourrissaient les héritiers de cet infortuné d'obtenir la réhabilitation de sa mémoire; mais ils le nourrissent encore aujourd'hui cet espoir, ce qui n'empêche pas madame de Bussy de procéder contre eux. Disons ici la vérité. Madame de Bussy n'a exigé de Lesurques ni la déclaration de command, ni la ratification de l'acte du 22 mai par-devant notaire, ou parce qu'elle s'est vue dans l'impossibilité d'acquérir la ferme de Férin, ou parce que l'acte du 22 mai contenait quelque clause conditionnelle. Si l'infortuné Lesurques ou M. Lemoine pouvaient sortir de leur tombeau, la difficulté serait bientôt éclaircie. Madame de Bussy en sait plus que nous à cet égard. Puisse le repentir entrer jamais dans son cœur! le procès sera terminé. Quelle différence dans sa position et celle des héritiers Lesurques! Leur chef a acheté pour lui et non pour un autre. Les registres de l'administration du district en font foi. Il a payé par lui-même et pour lui-même. On a vu le tableau certifié des paiements qu'il a effectués. Il a vendu ; le fait est attesté par des actes notariés, et les ventes n'ont jamais été contestées. Il a reçu les fermages, renouvelé les baux; les certificats des fermiers l'attestent (1). Et l'on vient

---

(1) « Par-devant Me Simon-Henri Baudoux, notaire royal, résidant à Phalempin, arrondissement de Lille, département du Nord, soussigné, et en présence des témoins ci-après nommés, et aussi soussignés.

« Sont comparus MM. Joseph, Alexandre-Joseph, et Jean-Baptiste-Joseph Coget, propriétaires, demeurant, les deux premiers en la commune de Thumeries, et le dernier en la commune de Phalempin, lesquels ont, par ces présentes, déclaré et certifié à qui il appartiendra, qu'il résulte des quittances dont ils sont en possession, que M. Jean-Baptiste Coget, leur père, occupeur naguère de la ferme dite de l'Abbaye, située à Férin, arrondissement de Douai, a payé, entre les mains de M. Lesurques, alors *propriétaire*

aujourd'hui disputer à la famille Lesurques une propriété dont elle n'a cessé de jouir ou par elle-même ou par le fisc qui la représentait; et c'est sur un acte mutilé, dénaturé, qu'on établit ses prétentions.

Madame de Folleville affirme qu'elle avait fait passer cent quarante-sept mille francs à Lesurques à compte sur ses acquisitions de Douai qui montaient à trois cent cinquante mille francs. Mais si elle était propriétaire de la ferme de Férin, ce n'était pas 350,000 fr. qu'elle devait, mais 471,000 fr. J'ai sous les yeux l'adjudication

---

de ce bien, les fermages, jusque compris l'an IVe de la République, suivant sa dernière quittance, portant date du six messidor de la même année (24 juin 1796), et que les mêmes fermages, pour les années qui ont suivi sa mort et confiscation de ses biens *, ont été payés, jusques et compris ceux de l'an X, entre les mains des receveurs des domaines.

« A cette époque, ce bien a été affermé par les administrateurs des domaines, et le père des comparants n'en a plus été l'occupeur.

« De cette déclaration ils nous ont requis acte, que nous leur avons octroyé pour servir et valoir ce que de raison.

« Fait et passé à Thumeries, en la demeure de M. Jo-

* On les avait toujours crus confisqués; ils ne pouvaient pas l'être, ils n'étaient que séquestrés.

et le prix des trois fermes acquises par madame de Bussy-Folleville; je trouve: 1° *Quentin* 106,000 l.; 2° *Vernecueil* 40,000 l.; 3° *Breuille-aux-Bois* 145,000 l.; *total* 291,000 l., ajoutez-y la ferme de Ferin 180,000 l., total 471,000 l. Mais encore, quelle preuve avons-nous que madame de Folleville ait fait passer, en 1792 et 1793, 147,000 l. à Lesurques? Sur quelles pièces, sur quels reçus appuie-t-elle cette assertion? Pense-t-elle que l'on puisse ajouter quelque foi à sa parole ? Quand on n'a pas craint de falsifier un acte et de le cer-

---

seph Coget, en présence des sieurs Jean-Baptiste Carlier et Louis de Lattre, témoins appelés, etc.

« Je soussigné déclare qu'à l'époque où j'ai abandonné le territoire français, au mois de mai 1794, j'exploitais la ferme et marche de Férin, dont le sieur Lesurques, demeurant à Douai, s'était rendu adjudicataire lorsque ce bien fut vendu par les administrateurs du district de Douai, et que c'était audit sieur Lesurques que j'en payais les fermages; en foi de quoi j'ai délivré le présent pour valoir ce que de droit.

« A Gouy-sous-Bellonne, ce 6 janvier 1827.

« *Signé* Tréca. »

Ajoutons que, lorsque le sieur Tréca revint de l'émigration, il se souvint qu'il n'avait point acquitté tous les fermages, et vint remettre 1,200 liv. à la famille Lesurques, à compte sur ce qu'il restait devoir.

tifier sincère, merite-t-on quelque confiance? et, quand ce que cette dame affirme est démenti par les règles les plus simples de l'arithmétique, de quel poids peuvent être ses allégations?

Elle ajoute qu'elle avait payé elle-même, *sans l'intervention de Lesurques*, les douze pour cent des fermes de *Quentin* et de *Vernecueil*; mais on a fait des recherches au bureau des domaines, et, à l'exception de la déclaration de command, l'on n'a trouvé nulle part le nom de madame de Folleville. On a également sous les yeux l'état des paiements faits sur *Breuille-aux-Bois*, et ils ont été tous faits par Lesurques.

La réponse du directeur des domaines est un acte péremptoire. Il détruit de fond en comble l'échafaudage de mensonge, de duplicité, de tromperie, imaginé par madame de Folleville. Confondue par le rejet de sa demande et les irréplicables motifs sur lesquels ce rejet était fondé, honteuse de son rôle, madame de Bussy rentra dans le silence profond et l'inaction absolue où elle était restée depuis onze ans. Les héritiers Lesurques, ensevelis dans la douleur, la détresse et l'obscurité dont ils couvraient leur malheur, avaient ignoré ces honteuses tentatives; madame de Folleville leur était devenue étrangère. Elle n'avait pris aucune part aux démarches que l'on avait faites pour éclairer le gouvernement sur l'erreur fatale qui avait fait tomber la tête d'une innocente victime; elle avait laissé écouler paisiblement vingt-trois ans sans renouveler aucune prétention sur la ferme de Férin. Mais lorsqu'elle vit les malheureux héritiers Lesurques en possession de quelques débris de leur ancienne fortune, alors la cupidité mal éteinte se réveilla au fond de son cœur; elle jugea à propos de s'armer de calomnie, et songea sérieusement à dépouiller cette famille infortunée du peu qu'elle possédait

Mais avant de s'engager dans une entreprise dont elle ne se dissimule pas les dangers, elle veut encore recourir à ces voies de fraude et de déception dans lesquelles son mandataire passe pour avoir acquis une grande habileté.

Le sieur Coute se présente deux fois chez les héritiers Lesurques. Son maintien est composé, son langage est doux et patelin : c'était le loup, sous la peau du renard, qui faisait le tour du parc avant de s'y précipiter. Mais le loup fut repoussé.

Il se présenta aussi chez moi pour me demander quelques renseignements sur la fortune des héritiers Lesurques et l'usage qu'ils en faisaient; et je dois dire ici qu'il mit dans cette visite toute la politesse d'un homme bien élevé. Mais, comme je n'avais aucune notion à lui donner à ce sujet, notre conversation se borna à quelques réflexions sur le sort du malheureux Lesurques ; et je me rappelle très bien qu'il me dit : *Il n'aurait pas tué une mouche*. Dans une seconde visite, il me parla de droits qu'avait madame de Folleville sur les biens des héritiers Lesurques, m'engagea à les voir à ce sujet, et me dit qu'il était de leur intérêt de prendre des arrangements ; qu'il avait sur la complicité de Lesurques des renseignements qui pourraient nuire à sa mémoire. Il commença sur ce point une conversation que je rompis avec humeur, et je ne le revis plus.

Repoussée dans cette tentative, madame de Bussy recourut aux voies judiciaires. Le plan d'attaque fut concerté avec une habileté digne d'elle et de son agent intime. On conçut que, pour mieux assurer le succès de cette indigne spoliation, il fallait recourir à une suite de mensonges et de diffamations propres à flétrir la mémoire du malheureux Lesurques, et à le présenter aux juges comme un malhonnête homme qui avait abusé de la confiance de madame la marquise, trahi ses intérêts, et s'était proposé de s'approprier la ferme de Férin. On n'hésita point à comprendre madame Lesurques dans ce plan d'attaque ; et, pour mettre le comble à ces indignes manœuvres, on se vanta d'avoir sur la culpabilité de Lesurques des renseignements particuliers qu'on menaça de dévoiler en pleine audience.

On se flattait qu'à l'aide d'une copie notariée de l'acte du 22 mai, on parviendrait à tromper les héritiers Lesurques, à surprendre la religion des juges, à dérober à leur connaissance les opérations criminelles qu'on s'était permises sur cet acte, et qu'il ne viendrait jamais en pensée à personne de demander la représentation de la pièce originale. Mais la Providence, qui protége les bons et prépare lentement le châtiment des mauvais, en ordonna autrement.

Quand ou se crut suffisamment armé d'artifice et d'imposture, on entra en campagne. La famille Lesurques s'était retirée pendant la belle saison dans un pensionnat bourgeois, à Boulogne près de Paris. On profita de cette circonstance pour faire déposer au parquet du procureur du roi les premières attaques ; et les héritiers Lesurques, qui vivaient dans la plus grande sécurité, apprirent tout à la fois qu'on avait mis opposition à leurs revenus sur le grand-livre, qu'à leur insu l'opposition avait été déclarée valable, et qu'ils avaient été condamnés par des jugements sur requête.

Tout, dans cette affaire, portait le caractère de la fraude. Madame de Bussy devait connaître le domicile des héritiers Lesurques, puisque son agent s'y était rendu deux fois. Elle se présentait munie d'un acte sous signature privée de défunt Lesurques, qui l'instituait, suivant elle, propriétaire de la ferme de Férin. C'était l'acte du 22 mai 1792; il avait alors 34 ans de date. Il faut en donner la teneur.

« Je soussigné, Joseph Lesurgues, bourgeois, « demeurant à Douai, département du Nord, « reconnais et déclare que l'acquisition par moi « faite au district de Douai de la ferme de Férin, « ci-devant dépendant de l'abbaye de Jancart, « occupée par le sieur Trécat, dudit Férin, con- « sistant en ferme, bâtiments et dépendances, « trois cents mesures ou environ de terres labou- « rables ou plantations sur les chemins, est pour « le compte de Madame Catherine-Charlotte- « Sophie de Bussy, épouse séparée quant aux « biens, de Monsieur Antoine-Charles-Gabriel « de Folleville, demeurant à Castelnau; m'obli- « geant de faire la présente déclaration, soit à la « suite du procès-verbal d'adjudication, soit « devant notaires, à toute réquisition. Je déclare « en outre que la somme de vingt-un mille six « cents livres, formant les douze pour cent de « celle de cent-quatre-vingt mille livres, prix prin- « cipal de l'acquisition ci-dessus, m'a été présen-

« tement remise par la dame de Bussy ; en consé-
« quence, je promets et m'oblige de verser ladite
« somme dans la caisse dudit district et d'en
« remettre la quittance en les mains de ladite dame
« de Bussy.

« Fait à Douai, le vingt-deux mai mille sept
« cent quatre-vingt-douze.

« *Signé* LESURQUES.

« Plus bas est écrit :

« Enregistré à Péronne, le 25 ventôse an III
« (14 janvier 1795), reçu trente sous.

« En marge de la première page est encore
« écrit :

« Certifié véritable par dame Catherine-Char-
« lotte-Sophie de Bussy, au désir de l'acte de
« dépôt de cejourd'hui, et paraphé des notaires,
« le 25 ventôse an XI,

« *Signé* : BUSSY.

« C'est ainsi en l'original d'un acte sous seing-
« privé, déposé pour minute à Me Machard, no-
« taire à Amiens, suivant acte par lui reçu et son
« collègue le 25 ventôse an XI, enregistré; le tout
« demeuré en la possession de Me Allard, l'un des

« notaires soussignés, l'un des successeurs de
« Me Machard.

« Rayé deux mots nuls.

« *Signé* : Dubois, Allard. »

« Nous, président du tribunal civil de l'arron-
« dissement d'Amiens, certifions que les signatures
« ci-dessus sont celles de MMes Allart et Dubois,
« notaires royaux à Amiens, et que foi doit y être
« ajoutée tant en jugement que hors. Amiens, au
« palais de justice, ce 30 novembre 1824.

« *Signé* : Caumartin. »

Cet acte était-il sincère? Les mains qui le présentaient ne pouvaient-elles inspirer quelque défiance? Les héritiers Lesurques firent venir de Douai des quittances données par leur père à ses fermiers, et crurent reconnaître sa signature dans l'acte qu'on leur opposait. Madame de Bussy y joignait des billets à ordre, souscrits également plus de trente ans auparavant, et dont la signature paraissait évidemment la même que celle qui figurait sur l'acte du 22 mai 1792. Ils m'assurèrent à moi-même, lorsque je leur demandai s'ils avaient pris, à cet égard, les précautions nécessaires, qu'il n'y avait nul doute que ce ne fût la signature du malheureux chef de leur famille.

O déplorable et funeste sécurité! fatale inadvertance! On plaida sur cette pièce, comme si c'eût été l'acte du 22 mai 1792 lui-même. Personne n'ouvrit les yeux. L'écriture était fraîche; elle n'était point de la main de Lesurques; la signature seule paraissait en être: le certificat des notaires était au-dessous. On ne fit point ces réflexions; on ajouta à cet acte une foi aveugle. Les héritiers, résignés à tout ce qui pourrait arriver, remirent le soin de leurs intérêts à M. Mérilhou, c'est-à-dire à l'une des plus brillantes lumières du barreau. Dans la crainte d'aggraver le poids des éternelles douleurs sous lesquelles gémit madame Lesurques, ses enfants jugèrent à propos de lui dérober la connaissance de ce procès; et ce fut encore une faute. Elle aurait retrouvé dans ses souvenirs des notions qui auraient jeté quelque lumière sur une affaire dont ils n'avaient eux-mêmes qu'une connaissance imparfaite. Ce fut avec ces avantages d'un côté, et ces désavantages de l'autre, que commença ce procès: Me Mauguin plaidant pour madame de Folleville, et le sieur Coute, chargé alors de procuration, paraissant conduire toute cette affaire.

Quel spectacle qu'une femme d'un grand âge, d'un grand nom, d'une grande fortune, qui, portant en elle-même la conscience de sa fraude, vient, après vingt-six ans de silence et d'inaction, disputer un morceau de pain à la plus malheureuse des familles! qui, pour le lui arracher, ne rougit pas de recourir à tout ce que le cœur humain renferme de plus déplorable, à la calomnie, et à des falsifications d'écriture. Déroulons ce tissu d'indignités.

EXPOSÉ DES MOYENS DE MADAME DE FOLLEVILLE.

Le premier acte qui s'offre à mon examen est une requête présentée il y a trois ans au tribunal de première instance du département de la Seine.

Madame de Bussy débute par les formes les plus douces, le langage le plus insinuant, le patelinage le plus mensonger.

« Ce n'est pas, dit-elle, sans un sentiment de « douleur que la dame de Folleville s'est vue for- « cée de recourir aux tribunaux pour obtenir la « justice qui lui est due, et qu'elle espérait avec « raison recevoir de la famille Lesurques, ce qui « leur aurait épargné la nécessité dans laquelle « elle se trouve de réveiller les cendres de Lesur- « ques, et de faire retentir de nouveau la France « du crime horrible qui l'a conduit à l'échafaud; « ce que les adversaires auraient dû éviter.

« La France, dit-on, l'Europe entière, re- « connaissent l'innocence de Lesurques; elle a « été proclamée dans tous les papiers publics, et

« sa fin malheureuse a rempli de pitié tous les « cœurs généreux.

« Madame de Folleville, elle-même, a gémi « sur son sort. La veuve Lesurques et ses enfants « étaient certainement très à plaindre à l'époque « où l'on n'était pas encore totalement revenu de « ce préjugé qui faisait rejaillir sur une famille « entière l'infamie d'un de ses membres.

« Mais ce n'est pas une raison, ce n'est pas un « prétexte pour venir devant la justice prétendre « que l'innocence de Lesurques a été reconnue, « qu'il a été victime d'une erreur judiciaire. »

Ici madame de Bussy, qui, quoique divorcée, se décore toujours du nom de Folleville, se fait l'apologiste du jury qui, trompé par une fatale ressemblance, a condamné l'innocent pour le coupable. Elle oppose aux défenseurs de cet infortuné l'autorité de la chose jugée, et soutient avec une orgueilleuse ignorance qu'on chercherait vainement l'exemple d'une erreur judiciaire dans les annales des causes criminelles; puis, jetant tout d'un coup ce masque de sensibilité hypocrite dont elle vient de se couvrir, elle ne rougit pas de lever la pierre sépulcrale qui couvre, depuis plus de trente ans, les restes de l'infortuné Lesurques, pour les souiller de ses outrages.

« Loin que l'innocence de Lesurques, s'écrie-
« t-elle, ait été présumée, sa culpabilité a été re-
« connue à l'unanimité; nos adversaires (et c'est
« ici de moi qu'il est question) ont usé d'un
« moyen banal : ils ont dénaturé les faits, mais
« nous nous voyons forcés de les rétablir avant
« d'entrer dans la discussion des intérêts dont il
« s'agit ici. »

Après cet exorde que j'abandonne aux réflexions du lecteur, en me réservant toutefois de démasquer plus tard les secrètes intentions dans lesquelles il est conçu, madame de Bussy trace le tableau historique de ses premières relations avec Lesurques, et répète une partie de ce que nous avons dit, tantôt en défalsifiant la vérité, tantôt en y ajoutant suivant les besoins de sa cause.

Elle parle de ses dîmes inféodées, du projet qu'elle conçut d'en employer le remboursement en acquisitions de domaines nationaux, de son voyage à Douai, accompagnée de M. Lemoine, conseiller à la Cour des Comptes, qui voulait employer de la même manière le remboursement de son office.

Elle avait besoin, ajoute-t-elle, d'un homme sûr; on lui indiqua le jeune Lesurques, chef de bureau à l'administration du district. Elle s'assura qu'il avait de l'intelligence et de l'activité, et *que sa vie avait été jusque-là sans tache ;* ce sont ses propres expressions.

Elle acheta, par l'intermédiaire de Lesurques, trois fermes qu'elle le chargea d'administrer ; lui donna une procuration et partit pour le Berry, à l'effet d'y suivre la liquidation de ses dîmes inféodées. Quelques mois après elle revint à Douai et apprit de Lesurques qu'il avait acheté pour lui-même la ferme de Férin, moyennant la somme de 180,000 livres.

C'est ici qu'il faut fixer l'origine du procès qui nous occupe, et des machinations conçues et exécutées pour s'emparer de ce bien. Examinons la série des fabuleuses allégations dont madame de Bussy n'a pas craint de charger son récit.

PREMIÈRE, DEUXIÈME, TROISIÈME, QUATRIÈME ET CINQUIÈME ALLÉGATIONS.

« Lesurques, dit madame de Bussy, se trouvait
« très embarrassé pour payer les douze pour cent de
« son acquisition. Il était menacé de déchéance et
« de la perte de sa place. Une ferme louée 3,500
« livres, et vendue 180,000 livres, avait été por-
« tée beaucoup au-delà de sa valeur. Mais tel
« était l'intérêt que madame de Folleville prenait
« au sieur Lesurques, que, n'écoutant que la

« bonté de son cœur, elle consentit à en faire « l'acquisition; et le 22 mai 1792, Lesurques re- « mit entre ses mains la déclaration dont il a été « si souvent question. Elle était, dit madame de « Bussy, *tout entière de sa main.* » Elle fût enregistrée le 15 janvier 1795, et déposée chez Me Machard, notaire à Amiens, le 16 mars 1803.

EXAMEN ET RÉFUTATION.

Je suis fâché d'être impoli; mais il n'est point vrai qu'au mois de mai 1792, Lesurques fût embarrassé pour payer les douze pour cent de l'acquisition de la ferme de Férin. Il n'est point vrai que l'administration fût sur le point de la revendre à la folle-enchère. Il n'est point vrai que Lesurques fût menacé de perdre sa place. Il n'est point vrai que la ferme de Férin ne rapportât que trois mille cinq cents francs. Il n'est point vrai enfin que ce fût par bonté d'âme que madame de Folleville consentit à la prendre pour son compte.

Lesurques, chef de bureau dans l'administration du district, y jouissait de l'estime et de la confiance de ses chefs. L'acquisition de la ferme de Férin ne pouvait lui causer aucun embarras. Il avait acheté douze autres domaines nationaux; il les rétrocédait successivement, et ce genre de spéculation lui fournissait tous les moyens de solder ceux qu'il gardait pour lui. Si les douze pour cent n'avaient pas été payés dans les délais prescrits par les premières lois, ceux qui, comme moi, ont vécu à cette époque, ne savent-ils pas que l'assemblée constituante avait prorogé ces délais, et qu'avec les personnes connues, les administrateurs du district ne s'en tenaient pas rigoureusement aux termes de la loi? Madame de Folleville prétendrait-elle qu'on la crût sur parole? Croit-elle que cette parole soit une garantie suffisante? Ceux qui vous connaissent, madame, en douteront fort.

Vous ajoutez que la ferme de Férin ne rapportait que 3,500 livres. Si cette assertion n'est pas un mensonge, c'est au moins une grave erreur, car elle rapportait 7,000 livres, et j'ai déjà fait observer que les biens des religieux étaient affermés au-dessous de leur valeur, et que l'assemblée constituante n'avait rien négligé pour en faciliter le paiement à ceux qui voulaient bien les acquérir. Faites-nous le plaisir, madame, si vous avez conservé les trois fermes que Lesurques acheta pour vous, faites-nous le plaisir de nous dire combien elles rapportaient alors et ce qu'elles rapportent aujourd'hui. Il est d'ailleurs un fait qui répond péremptoirement à toutes vos assertions; c'est que Lesurques, qui avait acheté cette ferme 180,000 livres, en revendit le tiers 188,000 livres : était-ce là une acquisition onéreuse ?

Madame de Bussy fait la généreuse; elle nous dit que, par intérêt pour Lesurques, elle consentit à reprendre cette ferme pour ce qu'elle lui coûtait. Trève de beaux sentiments, madame; votre générosité est connue. Disons franchement la chose telle qu'elle est arrivée. Vous étiez fière de votre richesse, de vos dîmes inféodées, de la somme considérable promise à M. de Bussy, votre oncle, par le gouvernement. Vous auriez volontiers tout acheté. La ferme de Férin vous convenait. Vous obtîntes de la complaisance de Lesurques la déclaration dont vous prétendez abuser aujourd'hui. Voilà toute l'histoire; n'y substituons pas un misérable roman. Mais malheureusement vos dîmes inféodées sont supprimées sans indemnité; la somme que vous attendiez du gouvernement ne vous est pas payée. Vous vous trouvez dans l'embarras; l'exécution de l'acte est suspendue : la pièce reste entre vos mains en attendant de meilleures circonstances. Lesurques paie pour vous et se met en avance, comme vous serez bientôt forcée d'en convenir. Tout cela n'est-il pas simple, naturel, et prouvé par les actes qu'on a produits précédemment? Tout cela n'a-t-il pas déjà été dit ? Mais ajoutons ici une observation qui ne saurait manquer de frapper les magistrats qui auront à prononcer dans ce procès : c'est que le sieur Coget, fermier de Férin, payait encore ses fermages au malheureux Lesurques en 1796. Or, à cette époque, Lesurques n'était plus le fondé de pouvoirs de madame de Folleville; il habitait Paris depuis près d'un an.

Qu'opposera madame de Folleville à un pareil argument? Je la conjure, je la supplie de produire une seule quittance, une seule affirmation des fermiers de Férin, qui attestent qu'ils la connaissaient pour la véritable propriétaire de ce domaine, et que Lesurques n'était que son mandataire. Je la conjure, je la supplie de produire un seul acte de propriété sur cette ferme. Car, si nous sommes obligés de produire des preuves pour notre défense, n'est-elle pas obligée d'en produire pour sa demande ? Mais poursuivons la série d'allégations mensongères dont j'ai promis l'examen.

SIXIÈME, SEPTIÈME ET HUITIÈME MENSONGES.

« Du mois d'octobre 1792 au mois de septem-« bre 1793, madame de Folleville fit passer à Le-« surques 147,000 l. » (J'ai déjà répondu à cette assertion, qui n'a aucune garantie, dont on n'apporte aucune preuve.) « Peu de temps après, ma-

« dame de Folleville fut incarcérée avec toute sa « famille et transférée à Amiens par ordre du *ré-* « *gicide* André Dumont, et ne recouvra sa liberté « qu'au mois de décembre 1793.

« Jusque-là, dit-elle, la conduite de Lesurques « avait paru justifier la confiance qu'on avait en lui. « Il menait avec sa femme et ses enfants une vie « assez paisible. Les fermiers des domaines dont « il avait la direction, *tous hommes estimables,* « *s'en louaient sous tous les rapports.*

« L'arrestation de madame de Folleville changea « tout. Lesurques profita de cette circonstance « *pour dilapider dans des désordres affreux les* « *sommes qu'il avait reçues de madame de Folle-* « *ville et de ses fermiers. Il espérait sans doute que* « *cette dame disparaîtrait dans la tourmente ré-* « *volutionnaire, et qu'il lui serait facile de s'appro-* « *prier la ferme de Férin. Le sieur Tresca, fermier* « *de cette propriété, ayant été lui-même forcé* « *d'émigrer, Lesurques n'avait plus de témoin à* « *craindre qui pût révéler sa conduite.*

« Rendue à la liberté, le premier soin de ma- « dame de Bussy fut de prendre des informations « sur le sieur Lesurques, *non qu'elle eût des doutes* « *sur sa conduite, mais dans la crainte qu'il n'eût* « *été persécuté comme elle et à cause d'elle. C'é-* « *tait l'idée qui la dominait.*

« Lesurques, qui craignait que madame de Fol-
« leville découvrît sa conduite, n'oublia rien pour
« la tranquilliser sur l'état de ses affaires. Il l'as-
« sura qu'il les avait mises dans la situation la
« plus florissante; *qu'il n'avait pas hésité à se*
« *mettre en avance vis-à-vis d'elle d'une somme*
« *de 10,400 l., qui lui fut remise à l'instant même*
« *et dont il donna quittance, le 14 frimaire an III*
« (*4 décembre 1794*). *On lui remit aussi 9,000 l.*
« *pour diverses dépenses, et notamment la valeur*
« *d'un cheval d'escadron, fourni par le sieur Tres-*
« *ca pour M. de Folleville à l'armée de Condé. Il*
« *remit un état des paiements effectués sur les do-*
« *maines nationaux, et s'engagea à produire, sous*
« *deux mois, un compte général de tout ce qu'il*
« *avait reçu et payé depuis* 1791. Mais alors on
« n'était pas pressé de vérifier les opérations de
« Lesurques; il ne s'agissait que de le féliciter d'a-
« voir échappé à la tempête.

« Cependant il n'était pas possible (*et ceci mé-*
« *rite attention*); il n'était pas possible de passer
« vingt-quatre heures à Douai sans être instruit
« de ses déréglements. Il vivait publiquement
« avec des actrices qu'il entretenait à grands frais,
« et remplissait au théâtre quelques rôles très
« subalternes. Il faisait une dépense très considé-
« rable, sa maison était ouverte à tous les hommes

« tarés de la ville de Douai. Enfin il était adonné
« à tous les genres de débauche les plus dispen-
« dieux. »

EXAMEN ET RÉFUTATION DE CES CALOMNIES.

Qu'il est triste, madame, de descendre à des allégations aussi mensongères pour ravir à une famille malheureuse quelques milliers de francs dont vous n'avez pas besoin! Quel mauvais génie vous a inspiré une pareille pensée? car j'ai lieu de croire que cette honteuse conception n'appartient pas à vous seule. Qu'importaient à votre cause les dépenses ou la conduite de Lesurques? qu'importait qu'il eût vécu ou non avec des comédiennes? *Etes-vous propriétaire de la ferme de Férin?* Voilà la question. *Les titres que vous produirez sont-ils légitimes?* Voilà de quoi il s'agit; et c'était cette question seule qui devait vous occuper. Le reste n'atteste en vous que le besoin de nuire, qu'une dépravation de cœur qu'on ne s'attend guère à trouver dans une personne de votre rang.

En vérité, il se passe d'étranges choses dans ce monde! Un accusateur effronté vient vous dire:
« Tel homme qui est mort, que vous réputez hon-
« nête homme, qui a joui toute sa vie de l'estime de
« ses concitoyens, était loin de mériter votre es-
« time; il m'a volé les fonds que je lui avais con-

« fiés ; il dissipait des sommes considérables dans « d'affreuses débauches ; il ne vivait qu'avec les « hommes les plus tarés de son pays, etc. » Et l'on ne demandera à ce diffamateur insolent d'autre preuve de ce qu'il avance que sa parole ; tant il y a de justice et de charité dans le cœur humain ! Et la famille de ce mort est forcée de se pourvoir de certificats; de fouiller les greffes, de se procurer des actes de notoriété pour repousser des outrages qui n'ont d'autre fondement que l'impudence de ceux qui se les permettent. Madame de Folleville voudrait-elle de cette justice pour elle-même ?

Dans cette cause, elle a su prendre ses avantages. C'est d'un mort qu'elle insulte la mémoire, et d'un mort qu'une horrible fatalité a fait condamner comme coupable d'un grand crime ; c'est à l'abri de ce grand malheur qu'elle outrage la victime.

Mais ce n'est pas assez d'armer son front d'audace, il faut aussi être d'accord avec les règles du bon sens. Croit-elle qu'on adoptera sans réflexion le roman absurde qu'elle a tissu ? A qui se flattera-t-elle de faire croire ce qu'elle nous raconte des dissipations et des débauches de l'infortuné Lesurques ? Par quelle étrange métamorphose l'homme de bien serait-il devenu tout à coup un malhonnête homme ? *Il menait*, nous dit madame de Folleville, *une vie paisible au sein de sa famille; les fermiers, tous gens honnêtes, s'en louaient sous tous les rapports.* Mais comment se loue-t-on d'un homme qui vit dans les désordres les plus affreux, dissipe les biens qu'on lui confie, et vit avec les gens les plus tarés du pays ? Si l'on ne pouvait passer vingt-quatre heures à Douai sans être instruit de ses horribles débordements, comment madame de Folleville ne lui retira-t-elle pas sur-le-champ sa confiance ? Comment lui laissa-t-elle administrer la ferme de Férin jusqu'à la fin de 1795, car, suivant elle, Lesurques n'en avait que l'administration ? Comment le laissa-t-elle disloquer cette ferme à son gré et en vendre une partie sous ses propres yeux ? Comment ne vint-elle pas, son acte du vingt-deux mai à la main, arrêter de pareils désordres ?

Par quel prestige Lesurques parvint-il à lui persuader que, loin d'avoir dilapidé ses fonds, il en avait avancé pour elle; et que, loin d'être débiteur, il était son créancier ? Par quel étrange aveuglement, quelle inconcevable faiblesse, madame de Folleville eut-elle la bonté de lui remettre 10,400 l. à compte sur ses avances ? Madame de Bussy n'est pas sujette à ces sortes de distractions.

Mais, comme avec elle il faut toujours marcher

preuve en main, voici la quittance qu'elle lui fit donner.

« Je soussigné reconnais avoir reçu de la ci-« toyenne de Bussy, par les mains du sieur Coute, « la somme de 10,400 l. *à compte* sur celle dont « je suis en avance envers ladite citoyenne de « Bussy. A Douai, le 4 frimaire an III (4 décem-« bre 1794). »

Madame de Folleville prétend qu'il avait dissipé dans d'affreux désordres les 147,000 l. qu'elle lui avait fait passer en 1793 et 1794. Mais s'il était en avance avec elle, si, au lieu d'être son débiteur, il était son créancier, il n'avait donc rien dissipé. Qu'opposera la citoyenne de Bussy à la quittance que l'on vient de produire? et pourquoi, si elle était dans l'usage de tirer des quittances pour une aussi médiocre somme que 10,400 l. en assignats, ne nous en produit-elle pas une pour les 147,000 l. dont elle nous a parlé? N'est-ce pas le cas de lui appliquer ces mots de l'Ecriture : *Mentita est iniquitas sibi*, *l'iniquité s'est mentie à elle-même*. Non, madame, vous ne nous persuaderez pas que, si Lesurques a été un honnête homme jusqu'au moment de votre arrestation, il soit devenu en quelque mois un fripon tel que vous avez le front de nous le dépeindre.

Quelques crimes toujours précèdent les grands crimes...
Ainsi que la vertu le vice a ses degrés :
Et jamais on n'a vu la timide innocence
Passer subitement à l'extrême licence.

Ainsi le bon sens, l'expérience, la connaissance du cœur humain seuls suffisent pour donner un démenti à vos odieuses calomnies. Mais voici quelque chose de plus positif : c'est un certificat des habitants de Douai, qui attestent unanimement que, dans aucun temps, aucune tache n'a flétri la conduite de Lesurques, que sa probité n'a jamais souffert la moindre éclipse.

« Nous soussignés habitants de la ville de « Douai, certifions qu'il est à notre connaissance « que, pendant tout le temps que M. Joseph Le- « surques, notre concitoyen, a résidé dans cette « ville, il a constamment joui de la réputation « d'homme d'honneur et de probité. Nous certi- « fions en outre que sa conduite parmi nous n'a « jamais donné lieu de présumer qu'il fût capable « de commettre le crime qui lui a été imputé.

« Donné à Douai, etc. »

Ce certificat est suivi de deux grandes pages de signatures. En faut-il d'autres à madame de Bussy ? nous l'en accablerons.

« Je soussigné ancien commissaire de police à « Douai, certifie qu'ayant rempli cette place de- « puis le 1er juillet 1810 jusque vers la fin de « 1815, j'ai eu très souvent occasion d'entendre « parler de l'infortuné Joseph Lesurques, né « dans la même ville, et que tous ses concitoyens « affirmaient que l'on n'avait jamais douté de son « innocence, que tous en ont constamment fait « l'éloge comme d'un bon père de famille, d'un « citoyen plein de probité, sur la délicatesse du- « quel il ne s'était jamais élevé aucun reproche, « aucun soupçon. En foi de quoi, etc.

« *Signé* : PERNOT. »

« Je soussigné président de la Cour royale du « Nord et du Pas-de-Calais, déclare qu'arrivé à « Douai trois ou quatre ans après la mort du mal- « heureux Lesurques, j'ai alors et plusieurs fois « depuis entendu parler de sa moralité et de sa « conduite, de manière à repousser jusqu'au soup- « çon du crime qui lui était imputé.

« *Signé* : LENGLAT. »

« Je soussigné certifie avoir connu particuliè- « rement M. Lesurques ; je le rencontrais souvent « en société, plus fréquemment encore chez « M. Baudart, artiste peintre, notre ami commun. « Je déclare également que cet infortuné vivait de

« la manière la plus honorable, remplissant avec
« la plus scrupuleuse exactitude les devoirs d'un
« bon mari, d'un ami franc et sincère ; je rends
« cet hommage à sa mémoire avec un sensible
« plaisir ; puisse-t-il contribuer à faire cesser pour
« toujours la fatalité sans exemple qui semble at-
« tachée à son nom et le poursuivre encore dans
« sa femme et ses enfants.

« MULARD,

« inspecteur des travaux et professeur de dessin à la
« manufacture royale des Gobelins. »

« Je soussigné, maréchal de camp, certifie avoir
« connu particulièrement feu Lesurques, ancien
« caporal au régiment d'Auvergne, où je servais
« aussi ; qu'il y a toujours eu une conduite sans
« reproche ; qu'il était estimé de ses chefs et aimé
« de ses camarades, et qu'il était cité comme un
« modèle pour les mœurs et la tranquillité. J'at-
« teste en outre l'avoir connu à Paris, très peu de
« temps avant son arrestation ; qu'il y était très
« bien établi, et jouissait dans son quartier d'une
« grande considération. Les faits particuliers que
« j'avance sont de notoriété publique et j'offre de
« les prouver au besoin.

« Gisors, le 6 novembre 1822.

« *Signé :* BARON DE BLAMONT. »

« Les députés du Nord soussignés ont l'honneur
« de recommander bien particulièrement à Son
« Excellence M. le ministre de la justice la de-
« mande de madame veuve Lesurques et de ses
« enfants. Victime de la plus fatale erreur, cette
« famille gémit depuis vingt-cinq ans sous le
« poids du déshonneur et de la misère. Lesur-
« ques, RICHE et *jouissant de la considération*
« *publique dans le département du Nord*, est
« mort innocent sur l'échafaud. Que sa femme et
« ses enfants ne soient pas condamnés à mourir
« de faim en attendant que les formes lentes de la
« justice réhabilitent la mémoire de notre mal-
« heureux compatriote.

« *Signé* : COMTE CHARLES DE BÉTHISY, POT-
« TEAU D'HAUCARDRIE, BRICOUT DE CANTERAINE,
« LE COMTE DE MUYSSART, DUHAN DE STAPLANDE,
« DEQUEUX SAINT-HILAIRE, DUPLEIX DE MÉZY,
« ALEXIS FRÉMICOURT. »

Qu'en dites-vous, madame de Folleville? Croyez-vous que votre témoignage prévaudra contre de pareilles autorités ?

Je sais ce que vous m'opposerez. Le directeur du jury d'accusation à Melun, dans le rapport qu'il fit aux jurés, déclara que d'après les renseignements qu'il avait pris auprès des autorités de

Douai, *Lesurques n'avait qu'une fortune suffisante pour vivre aisément en travaillant, qu'il était d'ailleurs un homme sans conduite et fort dépensier.* J'ai répondu suffisamment à cette objection dans les deux Mémoires que j'ai publiés précédemment, et je me dispense de répéter ce que j'ai dit de fâcheux sur les lumières et la capacité de ce directeur. Sa procédure a été cassée, et son assertion sur l'état de la fortune de Lesurques n'a été que trop cruellement démentie par les suites déplorables de cet horrible procès, puisque après la mort de l'infortuné Lesurques, un seul de ses biens saisis par le gouvernement a été vendu, en 1810, cent quatre-vingt-cinq mille francs, comme le prouvent les procès-verbaux de vente déposés au domaine, et il restait encore une maison et des terres. J'ai tenu toutes les pièces du procès; je les ai lues, une à une, avec la plus scrupuleuse attention, et je puis assurer que je n'en ai trouvé aucune qui pût justifier le rapport du directeur du jury de Melun.

Ce rapport que j'ai lu, et qui m'a souvent soulevé d'indignation, est un tissu d'assertions fausses, de raisonnements absurdes, de conséquences ineptes. L'instruction du procès faite à Paris et à Versailles a démontré qu'il était incapable de suivre une pareille affaire. De telles sources sont dignes des adversaires de la malheureuse famille Lesurques. Jusqu'où ne portent-ils point le besoin de calomnier? Ils calomnient jusqu'aux intentions. Ils prêtent au malheureux Lesurques le projet de s'approprier la ferme de Férin, si madame de Folleville venait à disparaître dans la tourmente révolutionnaire. Cette imputation est atroce, mais en même temps elle est absurde, et prouverait tout au plus qu'à cette époque madame de Folleville n'avait aucun titre positif et légal sur la ferme de Férin; car si elle en avait eu, Lesurques était trop instruit dans ces sortes de matières pour ignorer que dans le cas où madame de Folleville aurait eu le malheur de succomber, qui que ce soit n'aurait hérité de ses dépouilles sanglantes, que la République. Mais d'ailleurs qu'avait-il besoin de la mort de madame de Bussy pour être maître de Férin? N'en était-il pas paisible et légitime possesseur? Rassurons-nous; madame de Bussy était loin d'avoir à redouter les périls dont elle prétend nous effrayer : cet André Dumont, auquel elle a soin de décerner le titre de *régicide* (et il l'était en effet), n'était pas un ogre. Il faisait beaucoup de bruit, parlait beaucoup et ne mangeait personne. Au sein même de sa prison, madame de Bussy donnait d'élégants concerts et d'élégants déjeuners. Elle obtint même facilement la permission de passer dans une maison de santé, et sortit sur la fin de juillet 1794, et non sur la fin de décembre, comme elle dit pour se rendre un peu plus intéressante.

Nous étions loin d'être aussi heureux, nous, sous le régime du régicide *Maure*. Nos concerts étaient le bruit des verrous, et nos festins du pain moisi et des pommes de terre nageant dans une abominable sauce, où venaient s'engloutir des essaims de mouches, seul assaisonnement de ce succulent ragoût.

Madame de Folleville ne fut jamais tenue au secret, comme elle le dit; elle était dans cette prison tout-à-fait à son aise. Nous avons, à ce sujet, des renseignements qui nous viennent de bonne source, et s'ils avaient besoin d'être appuyés par quelques témoins oculaires, peut-être les trouverions-nous dans la haute magistrature de Paris. Mais laissons madame de Folleville, et continuons l'examen que nous avons commencé.

NEUVIÈME ET DIXIÈME MENSONGES.

Par quelle singulière circonstance la requête de madame de Folleville est-elle si incorrecte, si chargée de lacunes et d'obscurités, qu'il est presque impossible d'en suivre le fil? Est-ce la maladresse du copiste? est-ce l'adresse de madame de

Bussy ou de son mandataire? Après ce que madame de Bussy a raconté de sa sortie de prison, et des prétendues dilapidations de Lesurques, ses écritures ne présentent plus aucun sens. On y parle d'un bail passé par Lesurques devant Me Dumont, notaire à Douai, d'un créancier causé comme étant fondé de pouvoir de madame de Folleville, etc. Tout cela est d'une obscurité impénétrable : ce que l'on peut deviner, c'est que Lesurques se serait trouvé redevable de la somme de cinquante-trois mille francs envers madame de Folleville; que, pour s'en acquitter, il souscrivit deux billets à ordre, montant à 42,600 liv., et qu'il promit de remettre à volonté les 10,400 liv. qu'il avait, dit-on, touchés mal à propos.

« C'est ainsi, dit madame de Bussy, que fut ré-« glé provisoirement ce qui concernait la ferme de « Férin, sans le moindre reproche de la part de « madame de Folleville. Lesurques promit aussi « de réaliser devant notaire, à la première réqui-« sition, la déclaration du 22 mai, et de recon-« naître que les paiements faits en son nom pro-« venaient des deniers de madame de Folleville. »

Il s'agissait alors, ajoute-t-on, de régler également ce qui concernait les fermes de Cantin et de Vernecueil, que Lesurques avait achetées pour madame de Bussy, afin d'arrêter le compte de tous les fermages. Lesurques demanda un délai de quelques jours pour réunir toutes les pièces et rédiger ce compte. Une nouvelle réunion fut en conséquence fixée au 13 ventôse (3 mars 1795). Voyons le récit de madame la marquise.

« A cette nouvelle entrevue, dit-elle, Lesur-
« ques fut encore convaincu de mensonge. Il dé-
« clara de nouveau avoir versé dans la caisse du
« receveur du district la somme de 20,000 liv.
« qu'il avait reçue, à valoir sur le prix des fermes
« de Cantin et Vernecueil. On lui présenta l'état
« formé par le receveur du district. Cette fois, il
« ne put chercher à se disculper, et souscrivit
« une obligation de cette somme, payable le
« sept prairial suivant. Quant aux fermages, rien
« ne put être arrêté; on savait que les fermiers
« étaient au courant; on avait vérifié les quittan-
« ces qui leur avaient été données par Lesurques.
« Celui-ci prétendait, au contraire, n'avoir rien
« reçu, ou peu de chose. Il fut convenu néan-
« moins que le compte serait établi sur les quit-
« tances dont les fermiers étaient porteurs.

« Cette malheureuse affaire arrivée à ce point,
« madame de Folleville proposa à Lesurques d'ar-
« rêter et de régulariser, par-devant notaire, tout
« ce qui concernait la ferme de Férin. Lesurques,
« qui jusque-là avait paru calme, qui avait l'air

« de témoigner son repentir, devint, à cette pro- « position, tout à coup comme un désespéré. *Il « s'écria qu'il était déshonoré, qu'il ne lui restait « d'autre ressource que de se brûler la cervelle, « enfin, que si l'on donnait de la publicité à cette » affaire, si elle devenait l'objet d'une demande « judiciaire, il était déterminé à dénoncer ma- « dame de Folleville comme ayant fait différents « voyages à l'armée de Condé, où servaient son « mari, son beau-frère, ses neveux, et enfin « presque toute sa famille; qu'il dénoncerait éga- « lement les femmes qui avaient facilité ces voya- « ges, et il ajouta qu'il venait de vérifier si son « nom était inscrit sur la liste générale des émi- « grés.* Il quitta madame de Folleville et les per- « sonnes qui se trouvaient avec elle, en lui disant « que si elle ne le faisait pas, elle n'aurait pas à « se plaindre de lui. Depuis ce jour, madame de « Folleville n'a jamais revu Lesurques; mais, ce « jour-là même, elle acquit la certitude que Le- « surques avait conçu le projet de s'emparer de « la ferme de Férin; que, pendant qu'elle était en « prison *et au secret*, il se regardait comme pro- « priétaire de cette ferme, et en disposait en effet « comme s'il l'eût été. »

(*Il y a ici, dans la copie de la requête, une nouvelle lacune qui jette dans la suite de ce récit une obscurité impénétrable.*) Mais ce qui ne l'est pas, c'est la cruelle complaisance avec laquelle madame de Folleville outrage sa victime avant de la dépouiller, c'est l'absurdité même de ses calomnies.

EXAMEN ET RÉFUTATION.

En vérité, madame, je vous croyais plus d'habileté dans l'art de mentir! C'est à la fin de septembre 1793 que vous fûtes *incarcérée* (pour nous servir de votre propre expression); c'est à la fin de juillet 1794 que vous recouvrez votre liberté. Avez-vous réfléchi que cette époque est celle qui sera éternellement désignée dans nos annales sous le nom de régime de la terreur. Alors les échafauds avaient remplacé les théâtres; des tragédies réelles avaient succédé à des tragédies fictives. La ville de Douai n'était pas aussi heureuse que celle d'Amiens (1). Elle était sous les lois d'un proconsul *régicide*, qui faisait moins de bruit que le *régicide* André Dumont, mais dont la main frappait sans

(1) Il y eut cependant quelques victimes dans le département de la Somme. M. Devaux fut arrêté à Péronne, dans son domicile, par ordre de Joseph Lebon, et conduit à Cambrai, où il perdit la vie. Quelques autres personnes d'Amiens ont aussi péri à cette époque; mais elles avaient été réclamées par le comité de salut public, et conduites à Paris.

cesse de nouvelles victimes, et dont les actes inspiraient un horrible effroi. Arras, Douai et Cambrai étaient inondés de sang. Ce n'était pas assurément le temps des plaisirs et des comédies; et c'est celui que vous choisissez pour accuser l'infortuné Lesurques de se livrer alors à de bruyantes orgies, à de scandaleuses dissipations avec des filles de théâtre et les hommes les plus tarés du pays! Que vous choisissez bien votre temps! Mais ce n'est pas tout; Lesurques, cet homme dont tout le monde louait le caractère, doux, honnête, prévenant, que madame de Folleville accuse, contre toute raison, d'avoir dissipé des deniers qu'elle ne lui a point confiés; mais qui, suivant elle-même, s'en est montré repentant et lui en a demandé pardon, devient tout à coup un furieux; et quand on le presse de reconnaître les droits de madame de Folleville sur la ferme de Férin, ses yeux s'enflamment, sa bouche écume, il s'emporte avec une extrême violence, et menace de se brûler la cervelle ou de dénoncer madame de Bussy pour ses nombreux voyages à l'armée de Condé.

Vos voyages à l'armée de Condé! Ah! madame, faites-nous le plaisir de nous dire en quelle année, en quel mois, en quelle semaine on vous a vue à l'armée de Condé? Vous avez parlé de 1792; et l'on vous a démontré qu'à cette époque l'armée de Condé n'existait pas. C'est donc en 1793? Mais alors vos dîmes inféodées étant supprimées sans indemnité, vous étiez tout occupée à vous procurer des fonds pour payer vos acquisitions de domaines nationaux. Votre château de Manancourt était le séjour d'une joyeuse société; et si, au commencement de cette année, vous avez fait quelque absence, que sais-je, c'est peut-être une autre divinité que Mars qui peut nous en révéler le secret. Serait-ce vers la fin de cette année? mais vous étiez en prison à Amiens.

Non, madame, vous n'êtes point allée à l'armée de Condé; on vous porte le défi de citer une seule personne qui vous y ait vue. Vous voulez vous donner un mérite d'à-propos qu'on appréciera à sa juste valeur.

Les mensonges dont on a rempli votre requête ne sauraient atteindre la mémoire de Lesurques; ils ne peuvent flétrir que la main qui les a tracés. Lesurques était loin d'être un dénonciateur; et peut-être devriez-vous vous souvenir qu'à l'époque où M. de Folleville quitta le territoire français, ce fut lui qui l'accompagna jusqu'à la frontière. Mais s'il était réellement tel que vous le dépeignez, ne deviez-vous pas sur-le-champ vous séparer de lui? mettre opposition au paiement des fermages? faire des actes réels de propriété? Vous aviez alors, bien mieux qu'aujourd'hui, les voies judiciaires à votre disposition.

Ah ! si, comme autrefois, nous avions quelques uns de ces hommes puissants en merveilles, qui évoquaient les morts du fond de leur sépulcre et les faisaient parler, de quelle pâleur se couvrirait le front de madame de Folleville à la vue de l'infortuné Lesurques secouant la poudre de son tombeau pour lui reprocher ses indignes impostures! A qui donc se flatte-t-on de faire croire que cet homme d'une ame si douce *qu'il n'aurait pas tué une mouche*, suivant l'expression du sieur Coute lui-même, se soit transformé tout à coup en frénétique, prêt à se brûler la cervelle, ou à dénoncer madame de Folleville pour la faire périr! J'ai vu nombre de personnes qui l'ont connu à Douai, à Paris, toutes m'ont attesté son heureux naturel, son enjouement, sa douceur. Récusera-t-on le témoignage d'un officier aussi respectable, aussi connu que M. le chevalier de Mézières ? « Il « y avait, me dit-il un jour, entre un crime et son « cœur la distance du ciel à la terre. »

Mais madame de Bussy ou son conseiller intime connaissent tous leurs avantages; que peut leur opposer une veuve étrangère aux affaires, accablée par le malheur, portant tous les jours aux pieds des autels des larmes intarissables, et dont presque tous les souvenirs se sont éteints pour n'en conserver qu'un seul? Que peuvent leur répondre des enfants dont l'aînée avait à peine l'âge de raison à l'époque dont il s'agit, dont le second était presque au berceau, et le troisième venait de naître ? Voilà ce qui fait leur confiance.

On vient aujourd'hui présenter des billets à ordre, souscrits en 1795 par Lesurques, entre les mains de madame de Folleville, sans protêt, sans acquit! Comment sont-ils restés plus de trente ans dans cet état ? Que cette dame nous explique ce mystère. Quant à nous, nous sommes persuadés qu'ils étaient, à la fin de 1795, rentrés tous dans la main de Lesurques, qui les avait remboursés, et qu'ils sont sortis de celles de madame Lesurques par le même artifice qui en a fait sortir la pièce du 22 mai 1792; et s'ils étaient examinés de près, peut-être pourrait-on y trouver, comme à la pièce du 22 mai, quelques indices qui nous donneraient la solution de ces difficultés. Un fait certain, c'est que Lesurques, prêt à terminer sa triste et douloureuse carrière, dressa le montant de ses dettes, qu'elles se montaient à dix louis, et que jamais personne n'en demanda davantage à ses héritiers. Les billets étaient donc payés; et s'ils ne l'étaient pas, comment madame de Folleville n'en fit-elle aucun usage? Ils étaient loin d'être prescrits alors comme aujourd'hui. Tout est mystère, tout est obscurité avec madame de Folleville, et l'on sait à qui les ténèbres sont favorables.

Non, madame, Lesurques n'a jamais été ni un dissipateur ni un furieux; jamais il n'est venu faire aucun aveu à vos pieds, solliciter aucun pardon. Ce serait à vous, madame, à vous repentir et à vous humilier, à demander pardon à Dieu et à la société des mensonges que vous vous permettez envers un infortuné. Il n'avait point, comme vous le dites, été renvoyé du district; c'est une indigne imposture. Mais les administrations du district furent supprimées sur la fin de 1795 et remplacées par les administrations municipales; et c'est alors seulement que Lesurques quitta Douai.

Il est facile de mentir, mais plus difficile de soutenir un mensonge. Le menteur se trahit toujours par quelque endroit. Les conseils de madame de Bussy l'ont mal instruite; leur mémoire les a mal servis. Ils ont pensé qu'après trente-quatre ans il ne se trouverait personne pour leur donner un démenti, pour déconcerter leurs odieuses manœuvres, pour venger de leurs calomnies et de leurs affronts la malheureuse famille qu'ils veulent dépouiller. Mais quand même cette famille n'aurait pas trouvé dans le barreau de Paris des défenseurs plus habiles que moi, n'ont-ils pas ces conseils songé que je regarderais ce soin comme une tâche honorable, comme un devoir sacré qui m'était imposé par mes écrits précédents ?

On nous a parlé des fureurs de Lesurques, quand on lui proposa de réaliser l'acte du 22 mai ; mais en supposant que la vérité se trouvât quelquefois sur les lèvres de madame de Bussy, ne pourrais-je expliquer cette scène vraiment extraordinaire ? Les assignats étaient alors tombés dans un horrible discrédit. Madame de Bussy, dont le cœur est (on a pu s'en convaincre jusqu'à présent) un foyer toujours brûlant de sentiments généreux, élevés, délicats, n'aurait-elle pas conçu le projet d'abuser de l'acte du 22 mai et se procurer à vil prix une suffisante quantité d'assignats pour s'emparer de la ferme de Férin et dépouiller Lesurques d'une propriété qu'elle convoitait depuis long-temps ? Ceci n'est, à la vérité, qu'une simple conjecture ; mais après ce qu'on vient de lire, une mauvaise pensée de plus pouvait-elle coûter beaucoup à madame la marquise ? Et quand elle en a prêté tant à l'infortuné Lesurques, ne sera-t-il pas permis de la rembourser de la même monnaie ? J'ai tant d'observations à faire sur le génie artificieux qui paraît l'avoir inspirée, que je suis souvent obligé de revenir sur mes pas. J'ai déjà parlé plusieurs fois des 147,000 livres qu'elle prétend avoir fait tenir à Lesurques dans le cours des années

1792 et 1793; mais je n'ai pas tout dit; il faut faire connaître une petite espiéglerie de madame de Bussy. On a vu plus haut qu'elle avait fait remettre 10,400 livres à Lesurques, à compte sur les avances qu'il avait faites pour elle. Eh bien! ces 10,400 livres elle les fait figurer dans les 147,000 livres dont on vient de parler. Elle se fait créancière d'une somme dont elle était débitrice. J'ai produit la quittance donnée par Lesurques au sieur Coute; les termes en sont clairs, précis, hors de toute ambiguité. Ne faut-il pas être armé d'un singulier courage pour se permettre une pareille jonglerie? Il est vrai qu'elle prétend que cette somme avait été payée mal à propos; mais où en est la preuve? Ne fallait-il pas dans ce cas annuler ou réformer la quittance? Ce seul trait suffit, je crois, pour donner une idée de la bonne foi de madame de Bussy. Je devrais peut-être m'arrêter ici. La probité du malheureux Lesurques est assurément établie d'une manière incontestable. Il était si loin, cet infortuné, de dilapider sa fortune, que sur la fin de l'an III il acheta pour une somme considérable de biens nationaux; et l'on a vu, au commencement de ce Mémoire, que ses acquisitions s'élevaient à douze cent mille francs, sur lesquelles il avait fait d'heureuses spéculations. Mais, grâce au mauvais génie qui a conduit la plume de madame de Folleville, ma tâche est loin d'être finie ; et quelque répugnance que j'éprouve à m'arrêter sur un si dégoûtant libelle, il faut pourtant en finir.

NEUVIÈME, DIXIÈME ET ONZIÈME MENSONGES DE MADAME DE BUSSY.

Ici commence une nouvelle série de noires impostures. Ah! madame, qu'il m'est pénible de vous suivre sur un si triste théâtre! Est-il possible que, dans un âge si avancé, prête, comme moi, à descendre au tombeau, vous ayez oublié, jusqu'à ce point, le soin d'un trésor bien plus précieux que tous ceux de la terre, celui d'un souvenir honorable dans la génération suivante!

On a vu, par tout ce qui précède, qu'avant de quitter la ville de Douai, Lesurques avait réglé toutes ses affaires, qu'il avait terminé ses comptes avec madame de Folleville ; qu'à la suite de cette liquidation, l'acte du 22 mai était sorti des mains de cette dame. J'ai dit aussi de quelle manière il y était rentré. J'ai dit que Lesurques, peu de temps avant sa mort, avait dressé l'état de ses dettes, et qu'elles ne montaient qu'à 240 livres. Madame de Bussy essaie de substituer à ces faits les plus indignes inventions.

« Lesurques, suivant elle, n'avait point, avant de quitter Douai, réglé ses comptes avec elle. Mais madame de Bussy avait à Paris un ami dont nous avons déjà parlé, M. Lemoine, ancien conseiller à la Cour des Comptes. Elle le chargea de voir Lesurques et de régler définitivement cette affaire. Lesurques lui donna, dit-elle, rendez-*vous le* 8 *floréal an IV.* (Notons bien cette date, car elle n'est pas choisie sans dessein.)

« Au jour indiqué, M. Lemoine se présenta avec deux amis, qu'on ne nomme point; mais on présume que le sieur Coute était un de ces acolytes. *Le portier, auquel ils s'adressèrent d'abord*, leur annonça que Lesurques était sorti. Ils montèrent à son appartement, témoignèrent leur surprise à madame Lesurques, et la prièrent d'annoncer à leur mari qu'ils reviendraient le soir, entre sept ou huit heures. Peu de temps après l'avoir quittée, ils rencontrèrent Lesurques sur la place des Victoires, sortant d'un hôtel garni, accompagné *du sieur Courriol, marchand de chevaux*, et d'un autre, qui paraissaient disposés à faire un voyage. Ils étaient tous les trois, dit madame de Folleville, en bottes; Lesurques avait des éperons et un fouet à la main. M. Lemoine lui rappela le rendez-vous qu'il avait donné, et le pria de *rentrer un instant chez lui* pour terminer le compte de madame de Folleville. Lesurques s'y refusa sous le prétexte d'une affaire très pressée, et partit aussitôt avec ses deux compagnons.

« Dès-lors, dit madame de Bussy, M. Lemoine « ne douta plus que Lesurques ne se disposât à « quitter la capitale. Cependant le soir il se ren- « dit de nouveau chez lui, toujours accompagné « de ses deux amis, comme il l'avait annoncé à « madame Lesurques. Elle leur dit que son mari « était allé à la campagne et qu'il y couchait quel- « quefois. Mais M. Lemoine, *soupçonnant qu'il « était caché dans la maison*, prolongea la con- « versation jusqu'à dix heures, et, ne le voyant « pas paraître, se retira.

« Le lendemain, il apprit que Lesurques était « à Paris, et *qu'il allait tous les matins déjeuner « chez un nommé Richard, son compatriote et son « ami, rue de la Bûcherie*. Il s'y rendit; y trouva « Lesurques et les deux compagnons avec lesquels « il l'avait vu quelques jours auparavant. Lesur- « ques, ainsi pressé, assura que le soir même, à « huit heures, il serait chez lui pour termi- « ner l'affaire dont il s'agissait. A l'heure indi- » quée on ne trouva personne; il était de toute évi- « dence que sa femme était d'intelligence avec lui.

« L'assassinat du courrier de Lyon, commis le « 8 *floréal* sur la route de Melun, était le sujet de

« toutes les conversations. Quinze jours après, on « apprit que les assassins étaient arrêtés. Les jour« naux annoncèrent que Lesurques, Courriol, « Richard et autres étaient signalés comme les « auteurs de ce crime.

« M. Lemoine et ses deux amis se rendirent « chez la veuve Lesurques, lui parlèrent de leur « visite le 8 floréal, et des déjeuners que son « mari faisait chez Richard. Elle répondit que « Richard était un très honnête homme, que ceux « qui s'étaient trouvés chez lui étaient aussi de « fort honnêtes gens. Elle leur proposa même de « déposer que, *le 8 floréal*, ils avaient vu son mari « à Paris. Ils y consentirent, mais à la condition « toutefois de rappeler les circonstances du « matin et du soir. Madame Lesurques comprit « ce langage. M. Lemoine et ses deux amis ne « furent point appelés comme témoins. »

RÉFUTATION.

Tout ceci est un tissu d'atroces calomnies. De qui madame de Bussy tient-elle tous ces détails? Serait-ce de M. Lemoine? mais il est mort depuis long-temps; ses ossements ne se ranimeront pas pour venir lui donner un démenti. Serait-ce de ses fidèles compagnons? On n'ose pas les nommer; et si madame de Bussy l'osait, j'irais au-devant d'eux, je les interpellerais, je les sommerais de s'expliquer, et, les pièces du procès à la main, je flétrirais leur front d'une salutaire ignominie. Si le sieur Coute est un des prétendus acolytes de M. Lemoine, qu'il paraisse, qu'il parle, et j'aurai bientôt réduit à sa juste valeur l'indigne roman qu'il aura fabriqué.

C'est surtout quand on accuse, qu'il faut des preuves ; et le dernier degré de la lâcheté, c'est d'accuser sans preuves les absents ou les morts.

On ose reprocher aux défenseurs de la famille Lesurques d'avoir dénaturé les faits. Ils sont moins habiles dans ce genre d'industrie que ceux qui les en accusent. Non, nous n'avons rien dénaturé. C'est avec un soin scrupuleux que j'ai scruté les preuves de l'innocence de l'infortuné que l'on outrage. Je n'ai rien écrit, rien avancé qui ne soit fondé sur des pièces irrécusables, sur des pièces, madame, qui ont trente-trois ans d'antiquité, et sont dans un état un peu plus satisfaisant que cet acte du 22 mai 1792, qu'on est aujourd'hui forcé de produire. Toute la France croit à l'innocence de Lesurques. Les premiers magistrats du barreau l'ont proclamée; M. le procureur du roi de Versailles l'a démontré ; et je crois avoir, de mon côté, répandu trop de lumière sur ce triste sujet, pour qu'il soit en votre pouvoir de les obscurcir.

Madame de Folleville prétend que, *le* 8 *floréal an VI*, M. Lemoine et ses deux amis se présentèrent chez Lesurques ; que le portier leur assura qu'il était sorti, et qu'ils montèrent chez madame Lesurques qui leur en dit autant. Le jour est choisi avec une rare perfidie, car c'est en effet celui où le courrier de Lyon fut assassiné. On nous parle du portier de Lesurques, et il n'y avait point de portier dans la maison qu'il habitait ; il logeait alors rue Montorgueil chez un marchand de vin en gros ; il n'avait point encore transporté ses modestes pénates chez M. Momet, notaire. Les trois plénipotentiaires, dit-on, montèrent chez madame Lesurques. Cette dame leur donne un démenti formel : elle n'a vu ce jour-là ni M. Lemoine ni ses deux écuyers.

Mais les faits leur en donnent un bien plus formel encore. Dites-nous, je vous prie, madame la marquise, comment il se faisait que ces messieurs connussent *Courriol?* Avaient-ils jamais eu quelques relations avec ce brigand ? et, s'ils le connaissaient, comment vous ont-ils dit qu'il était marchand de chevaux, lui qui n'eut jamais le plus misérable rossinante à sa disposition ? Il était si peu marchand de chevaux, qu'il fut obligé d'en louer un chez un nommé Bernard, qui fut impliqué dans cette affaire. Comment enfin M. Lemoine et ses deux amis trouvèrent-ils Lesurques, à neuf heures du matin, sur la place des Victoires, avec Courriol et un autre, sortant d'un hôtel garni? Il avait, dites-vous, un fouet et des éperons. Relevons cette série de mensonges : j'en trouve ici autant que de mots.

1° Les éperons assurément ne sont point mis ici sans intention; il est certain qu'on trouva un éperon sur le lieu ensanglanté où périt le courrier; mais c'était un éperon à ressort. Les débats du procès ont prouvé que cet éperon appartenait à Dubosq, et que jamais Lesurques n'en eut de pareils; 2° vous faites partir Courriol et Lesurques de Paris à neuf heures du matin, et les débats du procès prouvent que ce misérable partit de chez lui à quatre heures du matin, et qu'il se mit en route avec Dubosq, Vidal et Roussy; 3° vous le faites sortir d'un hôtel garni sur la place des Victoires; jamais il ne logea sur cette place, mais dans un hôtel de la rue du Petit-Reposoir, qui, à la vérité, n'en est pas éloigné : quand on ment, il faut bien se tenir sur ses gardes; 4° M. Lemoine, dit-on, ne douta pas que Lesurques ne se disposât à quitter la capitale. S'il n'en doutait pas, pourquoi se rendit-il chez lui ce soir même? pourquoi y resta-t-il jusqu'à dix heures, se persuadant que Lesurques était caché dans la maison?

Ah! madame, soyez donc d'accord avec vous-même! et puisque vous voulez faire des romans, choisissez mieux vos sujets et vos personnages. Il est aujourd'hui constant, démontré, que, *le huit floréal*, Lesurques était à Paris; qu'il y passa la journée, et qu'il la passa avec ses amis. Les dépositions de MM. Hilaire-Ledru (1) et Baudard, artistes connus et distingués, ne laissent aucun doute à ce sujet.

Revenons sur les ingénieuses fictions de madame de Bussy.

« Le lendemain, M. Lemoine apprit que Lesur-
« ques était à Paris; que, depuis quelque temps,
« il allait déjeuner tous les matins chez un nommé
« Richard, *son compatriote et son ami;* il s'y
« rendit, et le trouva, ainsi que les deux compa-
« gnons avec lesquels il l'avait rencontré quelques
« jours auparavant. Lesurques promit que le soir
« même il serait chez lui, et il ne s'y trouva pas.
« M. Lemoine ne lui demandait qu'*un instant*, et
« il ne put l'obtenir. »

---

(1) C'est de M. Hilaire-Ledru qu'est le beau sujet des *Pénibles Adieux*, gravé par Desnoyers. Il représente Lesurques faisant ses adieux à sa femme et à ses enfants, au moment de partir pour consommer son sacrifice. M. Hilaire-Ledru a fait le portrait de l'illustre M. de Châteaubriand.

En vérité, madame, il est impossible d'inventer plus malheureusement. Quoi! Lesurques allait tous les matins déjeuner chez Richard! Eh bien! il est démontré qu'il n'y alla qu'une seule fois, et ce fut un affreux malheur pour lui. Richard, dites-vous, était l'ami de Lesurques! Mais il est encore démontré, par les débats, que Lesurques le connaissait à peine. M. Lemoine ne demandait qu'un instant pour régler les comptes; ils étaient donc bien faciles à régler! Vous avez assurément bien de la bonté de prendre sur le vôtre de si déplorables inventions!

Mais en voici une plus grave. *Quinze jours après*, dites-vous, on apprit que les assassins du courrier de Lyon étaient arrêtés. *Quinze jours!* On vous a mal informée, madame : ce fut le 17 floréal, neuf jours après l'assassinat, que Courriol fut arrêté. *Les journaux, ajoutez-vous, désignèrent Courriol, Lesurques et Richard comme les auteurs de ce forfait.* Pourriez-vous, madame, nous reproduire quelques-uns de ces journaux? Nous vous en produirons, nous, qui ont courageusement proclamé l'innocence de Lesurques (1).

---

(1) Je me rappellerai ici ce qu'écrivait en 1797, dans les

Non, madame, tant de mensonges ne sauraient provenir de M. Lemoine; vous en faites un fourbe et un sot : ces qualités conviendraient peut-être mieux à l'un de ses prétendus compagnons.

S'il vivait, la famille Lesurques ne déclinerait

Annales universelles, un écrivain aujourd'hui conseiller à la Cour royale.

« On vient d'arrêter, disait M. de F..., le véritable com-
« plice de l'assassinat du courrier de Lyon, celui pour le-
« quel Lesurques a été condamné. Lesurques était donc
« innocent! il était innocent! l'institution du jury n'est
« donc point assez parfaite pour garantir l'honnête homme
« de la haine de ses ennemis, ou de l'erreur de ses juges.
« Elle peut donc avoir aussi ses Calas, ses Sirven, ses
« Montbailly!

« Le malheureux Lesurques a protesté de son innocence
« jusque sur l'échafaud. Les coupables condamnés avec lui
« ont déclaré qu'il n'avait aucune part au crime. Il a donné
« des preuves d'*alibi*, et sur le dire de quelques témoins qui
« *ont cru* le reconnaître sur *le résumé partial* de G..., les
« jurés l'ont livré aux mains du bourreau! Le corps légis-
« latif n'a point voulu accorder de sursis!

« Les parlements, accusés d'être si passionnés, auraient
« été cependant assez humains pour ordonner un *plus*
« *amplement informé*. Heureux le peuple chez lequel la
« mort d'un innocent est une calamité publique! Heureux
« surtout le peuple pour qui cette mort est une leçon! »

pas son témoignage ; car M. Lemoine était un homme de bien ; mais il est un autre homme, bien connu, qui n'est ni mort ni homme de bien, et qui, dit-on, a bâti cette fable, que vous n'avez pas rougi d'adopter. Vous poussez l'oubli de toute justice jusqu'à vouloir envelopper dans ce noir tissu de calomnies l'infortunée madame Lesurques. Elle est loin de posséder, comme vous, des titres et des châteaux, mais elle est riche d'un trésor de probité et de bonne foi que je vous souhaite ; elle ne ment point cette dame si malheureuse, si affligée, elle est simple comme la vérité même ; elle sait tout ce que vous pouvez valoir, et, dans son inaltérable douceur, elle ne médit point ; elle se tait, lorsqu'elle aurait tant de choses à dire ; mais ses défenseurs vous diront hardiment qu'on vous a trompée quand on a dit que madame Lesurques proposa à M. Lemoine et à ses deux acolytes de déposer en faveur de son mari. Madame Lesurques n'a jamais vu ces messieurs, et si l'un d'eux était le perfide personnage qu'elle soupçonne d'être l'auteur de ce mensonge, elle aurait à son aspect détourné la tête, et porté la main sur ses yeux pour ne point voir un pareil homme.

Je devrais peut-être entreprendre le lâche individu qui calomnie sans cesse, qui écrit sans cesse, et ne signe jamais ses écrits; mais je reviendrai à lui dans un autre temps.

SUITE DES INNOMBRABLES IMPOSTURES DE MADAME DE BUSSY.

Après l'affreuse catastrophe qui ravit le malheureux Lesurques à sa famille, madame de Folleville établit qu'elle fit déposer, le 16 novembre 1796, au bureau des hypothèques de Douai, ses titres de créance sur Lesurques, et que, le 24 mars suivant, elle constitua un fondé de pouvoirs pour réclamer, devant l'administration, ses droits sur les biens de Lesurques, et notamment sur la ferme de Férin, et faire rendre compte aux ayants-cause de Lesurques de la gestion de ces biens, ce qui prouve évidemment qu'elle en était propriétaire.

EXAMEN ET RÉFUTATION.

On a vu précédemment que M. Lemoine s'était présenté chez madame Lesurques, au nom de madame de Folleville, pour l'engager à lui remettre la déclaration du vingt-deux mai et les billets à ordre, afin d'en faire usage dans ses intérêts. Madame de Folleville nous apprend, dans ses écritures, qu'elle fit, après la mort du malheureux Lesurques, inscrire tous ses titres contre lui. Or (et ceci mérite la plus grande attention), elle ne fit ni inscrire ni transcrire cette déclaration du 22 mai. Ce fait a été vérifié au bureau des hypothèques. Cette pièce si importante ne faisait donc point partie de ses titres contre Lesurques. Mais voici quelque chose de plus remarquable encore. Son fondé de pouvoirs resta à cet égard dans la plus complète inaction. Il laissa jouir paisiblement les personnes auxquelles Lesurques avait vendu des portions considérables de Férin ; il ne fit aucune démarche auprès du gouvernement, aucune recherche auprès des fermiers; cependant les acquéreurs de cette portion de la ferme de Férin n'avaient point pour eux le bénéfice de la prescription ; jamais occasion n'avait été plus favorable. Il fallait agir auprès du gouvernement ou auprès des héritiers Lesurques. Qu'on nous explique donc cette inconcevable immobilité. Si madame de Bussy ne le fait pas, qu'elle ne trouve pas mauvais que j'essaie de le faire. M. Lemoine vivait encore ; il connaissait parfaitement l'état où se trouvait cette déclaration du vingt-deux mai. La décharge qu'elle portait ne permettait pas qu'on en fît usage ; et l'on n'aurait point osé lui proposer d'user de moyens propres à la faire disparaître. Il fallait attendre une occasion plus favorable. On laissa passer sept ans entiers; et M. Lemoine étant mort, on fit sur la déclaration du 22 mai les opérations chimiques constatées depuis par un acte officiel. On la déposa chez un notaire. On adresssa une demande à M. le préfet du Nord, qui la renvoya au directeur des domaines, et l'on a vu sa réponse.

Si l'on en croit madame de Bussy, son avocat trouva autant d'erreurs que de phrases dans cette réponse, mais il lui conseilla d'attendre encore et de suspendre le cours de ses démarches ; et madame de Bussy se montra si docile à ses avis qu'elle attendit vingt-six ans avant d'en faire de nouvelles.

Le gouvernement vendit en 1810 les biens de l'infortuné Lesurques, et madame de Bussy, toujours soumise aux conseils de son avocat, n'y mit aucune opposition. Mais, lorsqu'elle apprend que le gouvernement a fait une restitution de 224,000 l. à la famille Lesurques; alors elle s'affranchit de tout conseil, et se met en devoir d'en prendre sa part ou de ravir le tout. J'ai rendu compte des démarches faites par le sieur Coute auprès de la famille Lesurques et auprès de moi. J'ai dit comment ce frauduleux procès fut entamé. J'ai dit également que, le 22 juillet 1826, madame de Bussy obtint par défaut un jugement qui validait son opposition pour le prix de la ferme de Férin, et en outre pour la somme de 94,600 l. dont elle se disait créancière. Il est important de s'arrêter ici, et de voir de quoi se composait cette somme. En voici le détail :

1° Des 21,600 l............ énoncées dans l'acte du 22 mai.

2° Des 10,400 l............ remise à Lesurques à compte sur ses avances.

3° Des 62,600 l............ résultant des trois billets de 1795.

Total : 94,600 l.

Mais, si madame de Bussy est propriétaire de la ferme de Férin, comment se présente-t-elle comme créancière de ces 21,600 l. remises à Lesurques pour en payer les 12 pour 100 ? Ceci est trop absurde, et jamais madame de Folleville ne sortira de ce dilemme : « Si vous êtes propriétaire de Férin, « vous n'avez nul droit de réclamer ces 21,600 l. ; « et si vous les réclamez, vous n'êtes donc pas « propriétaire de Férin. » Mais rien n'embarrasse cette dame ou son conseil privé ; ils se flattent, à force de tortuosités, d'échapper à toute pénétration ; mais ils en manquent souvent eux-mêmes ; car il résulte de leurs propres aveux que le compte entre madame de Folleville et Lesurques *fut réglé* au mois de ventôse de l'an III ; c'est l'expression même dont ils se servent. Il est vrai qu'ils ajoutent *provisoirement ;* mais ce mot placé adroitement est formellement contredit par la création dès billets souscrits par Lesurques, à époques fixes et à courtes échéances. Mais on prend acte de ce *qu'il y a eu compte*, de ce que les 21,600 l. portées dans la déclaration du 22 mai, y ont été comprises comme dette de Lesurques ; ce qui prouve, sans réplique, que madame de Folleville n'est point propriétaire de la ferme de Férin, ou qu'elle veut s'approprier ce qui ne lui est pas dû.

Au reste, comme ces réclamations sont prescrites, on n'en parle ici que pour ajouter quelque trait de plus au portrait de madame de Folleville. Il ne fallait absolument rien moins qu'une insigne abnégation de toute idée d'honneur, de justice, de probité, qu'une dose inouïe de confiance, pour oser, après un intervalle de trente-quatre ans, tenter une aussi criante spoliation. Que penser d'une femme qui, après avoir promis son aide à une malheureuse famille, après avoir, par un coupable artifice, retiré de ses mains une pièce en laquelle réside sa fortune, conçoit la pensée d'en profiter pour dépouiller cette famille ? Mais que ne peut la cupidité ? Le 4 avril 1826, madame de Folleville poursuit bravement son projet, obtient un jugement sur requête qui lui permet de faire opposition à la délivrance des inscriptions de rente appartenant à la famille Lesurques et au transfert qu'elle pourrait en faire. Le vingt-trois du même mois, elle en obtient un second, toujours sur requête, qui l'autorise à faire opposition aux intérêts.

La famille Lesurques n'est instruite de ces ténébreuses hostilités que lorsqu'elle se présente pour toucher ses revenus. Sa surprise est inexprimable. Les deux dames filles de l'infortuné Lesurques, élevées dans l'intime conviction que la ferme de Férin était leur incontestable patrimoine, n'avaient jamais eu le moindre doute à cet égard. L'acte qu'on leur opposait était pour elles quelque chose d'inouï qui renversait toutes leurs idées; leur embarras était d'autant plus grand qu'elles ne voulaient point, comme je l'ai dit, porter de nouvelles douleurs dans le cœur de leur mère. Enfin on a vu que pour s'assurer si cet acte était sincère, elles firent venir de Douai des quittances données par leur père à ses fermiers; et, prévenues de l'idée que la pièce qu'on leur présentait était l'acte original, elles comparèrent les signatures et crurent y reconnaître une identité parfaite. Dans leur trouble elles n'examinèrent plus rien; et frappées d'un coup aussi imprévu, elles ne songèrent plus qu'à faire valoir leurs titres de propriété, leur longue et imperturbable possession, et qu'à jeter des doutes, non sur la réalité, mais sur la nature, les circonstances de cet acte, et les ombres dont il était resté jusqu'alors enveloppé. Elles réunirent tout ce que la plus saine dialectique a de convaincant, tout ce que la raison a de plus lumineux, pour ne voir dans cette pièce, produite en simple expédition, qu'un projet de rétrocession resté sans exécution pour des motifs que le temps a couverts de nuages impénétrables, et au sujet duquel elles flottaient dans une mer d'incertitudes. Excusons la méprise où elles tombèrent alors, l'attaque était si inopinée, l'idée d'un crime si loin, qu'il n'est point étonnant qu'elles se soient abandonnées aux premières impressions. Si l'on confronte la signature *Lesurques* qui se trouve sur cette expédition avec les véritables signatures de ce malheureux père de famille, on trouve entre elles une conformité si frappante, que les yeux les plus exercés ne sauraient y trouver la moindre différence. D'où provient cette inexplicable imitation? Par qui donc a été faite cette expédition? Quel intérêt pouvait avoir le notaire ou son clerc à copier si parfaitement cette signature? Le hasard n'a pas communément tant d'intelligence. Aujourd'hui peut-être est-il possible de résoudre le problème. C'est le fils de M. Danicourt, greffier du tribunal de Péronne, qui a reçu de madame de Bussy la commission de se rendre à Amiens pour tirer une copie de l'acte original ; et l'on peut supposer qu'il n'est point parti sans instructions. Cette découverte résulte d'une lettre de Me Allard, notaire, à M. Louis Méquillet père, qui a déployé un très grand zèle dans cette affaire (1).

J'ai dit plus haut que les héritiers Lesurques, dans la crainte d'accabler de nouvelles douleurs l'infortunée madame Lesurques, lui avaient, par piété filiale, laissé ignorer le procès inouï que lui intentait madame de Bussy. Cependant, à l'aide de conversations amenées avec adresse, elles obtinrent d'elle quelques renseignements. Elles ap-

---

(1) Voici les termes de cette lettre, en date du 6 août 1829 :

« Monsieur,

« Depuis quatre ans et demi à peu près que l'expédition « dont vous me parlez a été délivrée, je ne puis me rap- « peler au juste les circonstances de cette délivrance. Ce « qui est resté dans ma mémoire, c'est que c'était un jeune « homme porteur d'une lettre, lequel était fils d'un no- « taire de Péronne, que je crois être M. Danicourt, qui « est venu me la demander. Il me dit alors qu'on en avait « besoin pour réclamer une indemnité du gouvernement. « C'est au nom de madame de Folleville que cette de- « mande m'a été faite..... Je vous prie d'agréer, etc.

« *Signé* : Allart. »

Amiens, 6 août 1829.

prirent que l'acte du 22 mai lui avait été retiré après la mort de son mari. Ce fut un commencement de lumière ; mais elles ne pouvaient apporter aucune preuve de ce fait. Néanmoins elles jugèrent à propos d'en faire usage dans leurs moyens de défense. Cette cause ne pouvait être confiée à un avocat plus habile que M. Mérilhou ; il s'en chargea avec autant de zèle que de désintéressement.

Il semblait que dans ce procès tout se réduisait à une simple question de droit. *Madame de Bussy était-elle propriétaire de la ferme de Férin? Le titre qu'elle produit est-il de nature à justifier ses droits ?* La culpabilité ou l'innocence de Lesurques devaient être entièrement étrangères à cette cause. Mais il n'en fut point ainsi ; les adversaires de madame Lesurques débutèrent par une violente diatribe contre la mémoire de son mari. Ils avaient calculé qu'en l'accusant d'assassinat, il serait plus facile de l'accuser de stellionat; qu'en le montrant, dans ses relations avec madame de Folleville, comme un homme dilapidateur et débauché, il serait plus facile de faire valoir les prétentions de cette dame, et de gagner la confiance des juges ; ils montèrent leur demande sur le ton de la plus insultante arrogance, affectèrent un souverain mépris pour cette famille infortunée qu'ils se promettaient de dépouiller bientôt, et parurent goûter un affreux plaisir en voyant les larmes qu'elle répandait dans cette audience, en entendant les sanglots dont elle fit retentir le tribunal. Ils firent sonner aussi haut qu'il leur fut possible le nom, le rang, la fortune de madame de Folleville; demandèrent aux malheureux héritiers de Lesurques s'ils auraient le front ou la lâcheté de renier la signature de leur père; et la présentant avec effronterie, quoique ce n'en fût que la copie: La voici, dirent-ils; la reconnaissez-vous? Les infortunés ne pouvaient rien répondre. Ils étaient eux-mêmes dans l'erreur sur l'état matériel de l'acte dont on leur présentait la copie.

Leur avocat parla à son tour, fit valoir les motifs qu'on vient d'exposer, s'étonna du silence de madame de Bussy, discuta le caractère de cet acte du 22 mai, fit voir qu'il ne pouvait être considéré que comme un simple projet resté sans effet, opposa la prescription à madame de Bussy; et, s'appuyant sur le récit de madame Lesurques, raconta comment cet acte avait été remis, en 1796, entre les mains de M. Lemoine. Alors il s'éleva une nouvelle tempête. L'avocat chargé des intérêts de madame de Folleville jeta un cri d'indignation, repoussa cette accusation comme une noire calomnie, comme une indigne diffamation; et, conservant le ton de hauteur dont il s'était armé, adressa aux héritiers Lesurques cette violente interpellation :

« Vous affirmez que l'acte du 22 mai était rentré, en 1795, entre les mains de Lesurques, « portant une décharge des obligations qu'il avait « contractées, ou des clauses particulières qui en « rendaient l'exécution conditionnelle. Mais soyez « donc d'accord avec vous-mêmes. Si ce que vous « dites est vrai, madame de Folleville ne pouvait « l'ignorer. Et comment lui venait-il à la pensée « de demander à la veuve Lesurques, sous prétexte « de l'obliger, un acte dont elle savait qu'elle ne « pouvait faire aucun usage? Madame Lesurques « devait le savoir aussi ; et comment pouvait-elle « se flatter de sauver sa fortune avec une pièce « annulée dans les mains de son mari ? »

L'objection paraissait sans réplique ; et les défenseurs de madame de Folleville la présentaient avec la fierté qu'inspire l'assurance du triomphe ; mais le temps devait bientôt confondre le vainqueur. Depuis, cet argument est devenu facile à résoudre. Examinons la position des deux parties.

D'un côté se trouve une veuve accablée de la plus profonde douleur, étrangère aux affaires, entourée de parentes en larmes, aussi peu familières qu'elle avec ces sortes de matières, livrant, sans regarder, des papiers que lui demande un homme de bien dont la probité lui inspire la plus grande confiance, et qui doivent être pour elle comme la dernière ancre de salut. Cette détermination se conçoit facilement.

De l'autre côté je vois madame de Folleville, femme à projets et à ressources, entourée de gens adroits, capables de tirer parti des titres les plus équivoques et les plus désespérés. Je conçois encore facilement qu'elle peut à tout hasard demander cette pièce, sauf à y faire en temps et lieu les opérations convenables pour en tirer parti. Voilà ce qu'il était difficile de dire en première instance. Mais depuis que la pièce originale a été produite, depuis que les débats se sont établis sur la sincérité de cet acte, sur les causes de sa dégradation, nous n'hésitons pas à regarder ce fait comme constant. D'ailleurs faudrait-il hésiter entre le témoignage de l'infortunée veuve Lesurques et celui de la dame de Bussy ? Ce serait hésiter entre le mensonge et la vérité, la fraude et la bonne foi.

Que l'acte du vingt-deux mai ne soit pas resté constamment dans les mains de madame de Bussy, c'est un fait incontestable. Elle nous apprendra bientôt elle-même qu'il s'est trouvé entre les mains de M. Lemoine. Mais nous avons pour l'assurer, outre son propre témoignage, une lettre du sieur Coute à M. Danicourt, greffier au tribunal de Péronne, pour lui demander si, parmi les papiers de madame de Folleville, qu'il a eus quelque temps en dépôt, l'acte du vingt-deux mai ne s'y trouvait pas? Et M. Danicourt a répondu négativement. Cette particularité, qui semble d'abord de peu d'importance, en acquerra bientôt davantage. Ainsi il a été un temps où l'acte du vingt-deux mai était sorti des mains de madame de Folleville; mais est-il certain qu'il fût antérieurement rentré dans les mains de Lesurques? Si, frappant sur la pierre de son tombeau, sa voix pouvait se ranimer, il vous dirait : Oui. Peut-on supposer en effet que cet homme, dont la ville de Douai proclame encore aujourd'hui la probité et la délicatesse, ait quitté cette ville sans régler ses comptes avec madame de Bussy? Peut-on supposer qu'après les avoir réglés, l'acte du 22 mai soit resté entre les mains de cette dame? Invoquons ici le simple bon sens, le premier et le plus infaillible de tous les juges. Peut-on présumer qu'il eût procédé ostensiblement à la vente d'une portion de la ferme de Férin, si madame de Folleville eût eu entre les mains un acte avec lequel elle aurait pu l'arrêter sur-le-champ? Aurait-il trouvé, à Douai même, des des acquéreurs? Les aurait-il trouvés parmi les fermiers de Férin, parmi les administrateurs du district? Aurait-il poussé l'audace jusqu'à charger l'un de ces acquéreurs de verser pour lui le montant de son acquisition dans la caisse du receveur du district? Aurait-il été assez fou pour ne pas voir les suites d'une pareille impudence? Douai n'est qu'à dix-huit lieues d'Amiens; le sieur Coute y faisait de fréquents voyages pour madame de Folleville; une pareille prévarication eût-elle échappé à sa vigilance? Le sieur Coute aurait-il laissé commettre ces désordres? N'aurait-il pas prévenu les acquéreurs? N'aurait-il pas formé, au nom de madame de Folleville, opposition aux contrats de vente qui leur avaient été faits? Tout démontre donc ce que l'on a avancé plus haut, que l'acte du vingt-deux mai a cessé d'être entre les mains de madame de Folleville; et, s'il s'y est retrouvé, il a fallu qu'il y rentrât par les moyens que nous avons indiqués.

Oui, j'en croirai toujours, de préférence au témoignage de madame de Bussy, celui d'une femme pieuse, d'une femme dont les vertus et la véracité n'ont jamais été révoquées en doute, d'une femme que ses malheurs rendraient sacrée, quand même son âge, sa vie douce et ma dette ne donneraient pas à ses paroles la plus grande autorité (1).

---

(1) Depuis la mort de son époux, madame Lesurques n'a point quitté ses habits de deuil. Rien n'a pu la consoler; ses yeux se sont consumés et comme anéantis dans les

Le plaidoyer de M. Mérilhou, les considérations nombreuses dont il l'appuya, firent tant d'impression sur M. l'avocat du roi, qu'il conclut au rejet de la demande de madame de Bussy. Mais le nom de cette dame, qu'on fit valoir avec une ridicule emphase, sa position sociale, la difficulté de concevoir qu'une femme de son rang, d'un âge avancé et d'une fortune considérable, pût avoir conçu le honteux projet de dépouiller une famille malheureuse dont le chef lui avait rendu de nombreux services; toutes ces considérations si plausibles en apparence, et quelques principes de droit que je n'entreprendrai point de discuter, déterminèrent les juges de première instance, et madame de Folleville gagna son procès.

Respectons les magistrats, l'intérêt de la société l'exige; mais les magistrats sont hommes : ils peuvent se tromper; et c'est parce que l'erreur est une des conditions de la faiblesse humaine, que le législateur a établi plusieurs degrés de juridiction.

---

pleurs. Aujourd'hui encore elle est plongée dans une sombre mélancolie qui semble devoir l'accompagner jusqu'au tombeau : elle ne sort que pour aller mettre ses douleurs aux pieds de la croix. Sa vie est un modèle de soumission au ciel; toute espérance de bonheur sur la terre est bannie de son cœur.

On me permettra donc de faire quelques observations sur les considérants qui précèdent le jugement.

« Attendu, dit le tribunal, qu'il est constant et « reconnu par les parties que Lesurques a été le « mandataire de madame de Folleville, suivant « l'acte du 22 mai 1792 ; attendu que postérieu- « rement, et plusieurs fois, il a acheté des immeu- « bles pour le compte de ladite dame de Folle- « ville, etc..... Attendu que madame de Folleville « s'est toujours regardée comme propriétaire de la « ferme de Férin, etc... Le tribunal, etc. »

Il y a ici une erreur évidente. Que Lesurques ait été, antérieurement à l'acte du 22 mai, mandataire de madame de Folleville, le fait est constant; qu'il ait acheté postérieurement pour elle plusieurs immeubles, le fait est au contraire tout-à-fait erroné; qu'il ait été mandataire de madame de Folleville pour la ferme de Férin, c'est encore une fausse supposition. Les pouvoirs que lui avait donnés madame de Folleville dataient de 1791, et ne pouvaient, par conséquent, comprendre la ferme de Férin, acquise par Lesurques en 1792.

Il y a erreur encore quand on suppose que madame de Folleville s'est constamment regardée comme propriétaire de Férin, puisqu'elle avoue, dans sa requête à M. le préfet du Nord, qu'elle ne saurait prouver qu'elle l'ait payée ; puisqu'elle l'a laissé vendre en partie par Lesurques, et en totalité par le gouvernement, sans aucune opposition; et parcequ'enfin, pour devenir possesseur d'un bien, il ne suffit pas de s'en regarder comme propriétaire.

Comment pourrai-je décrire la douleur des héritiers Lesurques lorsqu'ils se virent frappés d'un coup si cruel ? Leur conscience leur disait qu'ils étaient légitimes possesseurs de la ferme de Férin, et ils s'en voyaient dépouillés par un jugement ! Ils retombaient dans cet état de spoliation et de dénûment où l'erreur d'un jury les avait plongés pendant tant d'années. Ils conçurent alors que ce n'était pas assez d'avoir soi-même la conviction de son bon droit, qu'il fallait encore qu'elle passât dans l'esprit des juges. Ils jetèrent de nouveau leurs tristes regards sur la pièce fatale qui les replongeait dans la misère. Tout à coup leurs yeux se dessillèrent; la méprise dans laquelle ils étaient tombés se dissipa comme un vapeur fugitive. Ils reconnurent que c'était sur une simple expédition qu'on avait plaidé; de légitimes soupçons s'élevèrent dans leur ame encore troublée. Ils comprirent la nécessité de vérifier la minute de l'acte dont on ne leur avait communiqué qu'une simple copie.

Ici la réputation équivoque de leur adversaire et son agent confidentiel les servirent heureusement. Supposons en effet des personnages d'une délicatesse et d'une vertu avouées de tout le monde; une simple expédition produite et certifiée par eux remplacera, sans difficulté, l'acte original. Ici la pièce était produite et certifiée par madame de Bussy. Son mandataire passait pour un homme adroit. Les héritiers Lesurques ne négligèrent plus rien pour éclaircir les doutes qui s'élevaient sur l'autorité de la pièce originale. Une circonstance imprévue les servit à souhait. M. Louis Méquillet père, dont j'ai déjà parlé, étant parti de Paris pour Valenciennes, s'arrêta à Péronne. Il savait que madame de Bussy et son conseil intime y étaient fort connus. En dînant à table d'hôte, il fit quelques questions à leur sujet, demanda s'ils jouissaient d'une haute considération dans le pays, et les réponses qu'on lui fit le convainquirent que si jamais il était question de procéder à leur canonisation, ce ne serait pas à Péronne qu'il faudrait s'adreeser pour se procurer des renseignements sur leur sainteté. On sait, hélas ! que nul n'est prophète en son pays. On lui parla d'un certain genre d'industrie dans lequel un personnage du lieu paraît maître passé. On l'invita à s'adresser à M. Coquard.

M. Coquard est un avocat de Péronne très habile. Il s'est surtout distingué dans un procès célèbre où cet honnête personnage figurait en première ligne, où il disputait une fortune considérable aux véritables titulaires (la famille Devaux), où l'on présentait un acte dont M. Coquard découvrit la fausseté; il la prouva dans un mémoire fort répandu en Picardie, et gagna le procès. L'honnête personnage s'accommoda avec la partie, et se tira d'affaire. On m'a parlé d'une cour d'assises d'une ville du Nord, où l'on assure qu'il alla figurer, et d'où il eut encore le bonheur d'échapper. Je l'en félicite, et n'ai point le projet de m'arrêter sur les détails de cette affaire.

M. Louis Méquillet ne manqua pas de profiter des avis officieux qu'on lui avait donnés; il se rendit chez M. Coquard, s'entretint avec lui, et M. Coquard, au seul nom des parties adverses, s'écria : Ce n'est pas chez elles que la vérité et la bonne foi ont coutume de planter leurs pavillons. Il confirma M. Méquillet dans les doutes qu'il avait sur la sincérité de l'acte original, et qu'avaient fortifiés en lui les récits de madame Lesurques. Monsieur Méquillet revint à Paris, et repartit presque aussitôt pour Amiens, à l'effet d'examiner la pièce fatale qui venait de causer tant de douleur à la malheureuse famille Lesurques. L'aspect de cette pièce le frappa. Elle était dans un état déplorable, et présentait toutes les apparences d'un travail criminel. Son récit acheva d'ouvrir les yeux des héritiers Lesurques; l'espoir se ranima dans leur cœur. M. Coquard étant venu à Paris, l'ami dont il est question obtint de lui des renseignements précieux. Cet habile avocat avait eu avec madame de Bussy et son mandataire des rapports dont la mémoire est encore vivante à Péronne. La conversation s'étant établie de nouveau sur le procès des héritiers Lesurques et l'aspect plus qu'équivoque que présentait la pièce déposée à Amiens, M. Coquard n'hésita pas un instant; il se pénétra de l'intime conviction que cette pièce ne pouvait être dans un état naturel. Il n'eut donc rien de plus empressé que d'engager M. Louis Méquillet à se rendre de nouveau à Amiens pour y vérifier des soupçons qu'il paraissait sûr de transformer incessamment en certitudes. Il offrit ses services à M. Mérilhou et partit aussitôt avec M. Méquillet (1). Arrivés à Amiens,

(1) Des personnes accoutumées à la calomnie ont répandu le bruit que M. Louis Méquillet était un homme d'affaires; qu'il avait traité de ce procès avec la famille Lesurques, et que l'intérêt qu'il n'a cessé de lui prodiguer n'était qu'un intérêt d'argent. Je connais depuis long-temps cet ancien négociant, qui n'a jamais été agent d'affaires. Je dois ici un témoignage public à ses sentiments et à sa délicatesse. Ce n'est point un intérêt d'argent qui l'anime : il est au-dessus d'un pareil motif. C'est l'intérêt que porte un cœur généreux au malheur et à l'oppression.

ils se firent assister d'un avoué et se rendirent chez M. Allard, notaire, successur de M. Machard.

La fraude leur apparut dans toute sa nudité. Ils reconnurent sans difficulté les traces d'un agent chimique, promené sur l'acte original; en l'examinant avec attention, ils s'aperçurent qu'il avait été mutilé dans sa partie supérieure. Toute la pièce était imprégnée de fortes taches roussâtres qui s'étaient reportées sur l'acte même de dépôt et sur le certifié véritable de madame de Bussy.

Ils recueillirent soigneusement toutes les marques de falsification qui s'offraient à eux, et dont je vais tracer un détail plus exact que tout ce que j'ai dit jusqu'à présent. Je trouve ici deux guides excellents : M. l'avocat Coquard, qui a bien voulu communiquer ses observations à la malheureuse famille Lesurques, et M. Mérilhou, son habile et courageux défenseur, dont les talents et les lumières sont connus de la France entière. Son travail est consigné dans un imprimé distribué à MM. le président et les conseillers de la Cour royale, sous le titre de : *Documents relatifs à l'affaire des héritiers de l'infortuné Lesurques, contre madame de Bussy.*

L'acte du 22 mai 1792 est écrit sur une demi-feuille de papier timbré. Il a été déposé chez Me Machard, notaire à Amiens, le 25 ventôse an XI (16 mars 1803), c'est-à-dire environ onze ans après sa date et sept ans après la fin tragique de Lesurques. *Retenons bien ces dates.*

Lorsque MM. Coquard et Méquillet se rendirent à Amiens, cette demi-feuille s'offrit à eux, comme je viens de le dire, dans l'état le plus misérable. Il fallait, dans une partie des lignes dont elle se compose, recourir à la loupe pour en déchiffrer les mots. Elle était dans toutes ses parties, tant au recto qu'au verso, maculée d'une teinte jaune, plus marquée dans quelques endroits, plus faible dans quelques autres.

Sur la marge du recto était écrit longitudinalement *un certifié véritable, etc.*, signé de madame de Bussy, à la même date que l'acte de dépôt. La plus grande partie des lettres dont se compose ce certifié était atteinte de la couleur jaune qui règne sur toute la feuille; le reste était d'une encre encore très noire.

La phrase qui termine le recto ne se liait pas à celle du verso. En examinant la feuille de plus près, on en trouvait la cause. Elle avait été rognée dans sa partie supérieure; et il y manque en effet un espace de trois ou quatre lignes. On en acquiert la preuve en confrontant cette demi-feuille avec une feuille de papier du même timbre, du même temps et du même département. On la trouve plus courte d'environ un demi-pouce. La coupure était encore apparente à l'œil et n'est pas droite. On a pu se permettre cette mutilation avec d'autant plus de sécurité que les premières lignes du recto commencent au-dessous du timbre, et que le timbre ne remonte pas au sommet de la feuille.

Mais cette coupure détruisait la liaison de la dernière phrase du recto avec les premières lignes du verso. Le sens était rompu. Pour remédier à cet inconvénient, on a effacé le dernier mot de la dernière ligne du recto; et à côté de cette rature on aperçoit une croix de renvoi qui, contre tout usage, ne renvoie pas à la marge, mais à la page suivante, et non pas à la tête de cette page ni à sa marge, mais au bas de l'acte, entre la date qui le termine et la signature *Lesurques*.

Cette partie du verso est fortement imprégnée de la teinte jaunâtre dont on vient de parler. L'acte est suivi d'une mention d'enregistrement, dont une partie est presque illisible et paraît comme dissoute.

Le renvoi ne paraît pas de la même main que le corps de l'acte, et, par une distraction assez remarquable, il ne lie pas exactement les derniers mots du recto avec les premiers du verso; car il porte : *Et d'en remettre les quittances*, et les premiers mots auxquels il se réfère sont : *Les mains de la dame de Bussy ;* ce qui ne forme point un sens grammatical exact.

Les deux examinateurs furent également surpris de trouver le verso de la page rempli par une longue analyse de l'acte lui-même, écrite, non pas dans le sens des autres lignes, mais en travers et d'une autre main que la pièce. Cette analyse est beaucoup plus lisible. La teinte jaune s'y manifeste encore; mais l'encre plus jeune paraît avoir mieux résisté à son action.

Enfin MM. Coquard et Méquillet ne furent pas moins frappés de trouver de légères taches jaunes sur les deux feuillets de l'acte de dépôt qui servait d'enveloppe à la pièce, ce qui leur fit penser que cette pièce n'était pas entièrement sèche quand on la plaça entre les deux feuillets de cet acte.

Les réflexions se présentaient ici en foule. Qui donc a pu dénaturer cet acte d'une manière aussi étrange ? Pourquoi, dans l'expédition dont on s'est servi, a-t-on eu soin de faire disparaître le défaut de liaison entre les dernières lignes du recto et les premières du verso ? Pourquoi a-t-on pris la précaution de faire entrer dans le corps de l'acte l'étrange renvoi dont on vient de parler ? Pourquoi a-t-on porté le soin jusqu'à substituer le mot *ès* au mot *les* pour qu'il exprimât mieux le sens de la phrase ?

D'où proviennent ces taches de couleur jaune dont l'action a rendu ces pièces méconnaissables? qui se reproduisent sur l'acte de dépôt et sur une partie du certifié conforme de madame de Bussy? Enfin quelle main a raccourci et mutilé cette pièce? et quelle foi peut-elle obtenir devant des magistrats éclairés et judicieux ?

Ce n'est pas l'ouvrage du temps, se sont-ils dit; l'action du temps est uniforme. S'il enlève aux manuscrits leur blancheur primitive, la teinte qu'il leur imprime est partout égale; elle n'attaque point les enveloppes qu'on y ajoute postérieurement.

Ce n'est point la faiblesse de l'encre; car, si elle peut atténuer le corps de l'écriture, elle l'atténue uniformément, elle n'y produit pas de taches, elle n'agit pas sur ce qu'on ajoute long-temps après avec une autre encre. Ce n'est pas l'humidité; car elle attaque la substance même du papier, et fait tomber les feuilles en lambeaux lorsqu'elle dure long-temps. Si d'ailleurs on pouvait supposer que la pièce dont il est question eût été atteinte par l'humidité, on ne saurait en dire autant de l'acte de dépôt. Dans tous les cas, ce n'est ni le temps, ni la faiblesse de l'encre, ni l'humidité qui ont pris des ciseaux pour retrancher les premières lignes du verso.

Faudrait-il attribuer les teintes jaunes qui occupent les deux faces de l'acte et une partie de son enveloppe à l'emploi d'un agent chimique? Une main coupable aurait-elle cherché à faire disparaître de cette pièce ce qui pouvait contrarier le dessein qu'on avait de s'en servir pour spolier la malheureuse famille Lesurques? En rassemblant tout ce qu'on a dit précédemment, ces conjectures acquerraient une grande force. Car pourquoi madame de Bussy a-t-elle évité de produire cette pièce en première instance? Pourquoi a-t-elle préféré d'y substituer une simple expédition? Voulait-elle dérober aux regards des magistrats une pièce ainsi dénaturée?

Ces réflexions firent sur MM. Coquard et Méquillet, qui s'étaient entourés de plusieurs personnes éclairées, la plus vive impression. On examina de nouveau; on écarta toute prévention, et, après une mûre délibération, les conseils de la famille Lesurques se déterminèrent, comme on l'a déjà vu, à demander à la Cour que la pièce originale fût déposée en son greffe, et s'inscrivirent en faux. La mesure était grave. Mais madame de Bussy pouvait-elle s'en plaindre? C'était pour elle la plus belle occasion de se montrer avec honneur, de s'armer d'une noble fierté. Car, si la pièce qu'on attaquait était sans reproche, madame de Bussy devait être sans crainte. Elle devait être la première, comme l'a dit M. Mérilhou dans son éloquent plaidoyer, à provoquer l'examen qu'on demandait. Elle devait faire ici cause commune avec ses adversaires, venger son honneur outragé, et mettre son front à l'abri de toute rougeur. Je le demande en effet à quiconque est doué de quelque sentiment de délicatesse, quel est celui qui reculerait dans une pareille occasion ? Qui ne rougirait pas de défendre le terrain pied à pied, et qui, loin de courir au-devant d'une semblable épreuve, se retrancherait honteusement derrière de misérables subtilités? Eh bien! c'est sous cet abri que madame de Bussy a cherché son salut.

On m'assure, il est vrai, qu'elle a tenté d'abord des voies d'accommodement après l'inscription de faux; qu'on a fait, en son nom, des propositions à la famille Lesurques, et que ses lettres seront produites, s'il est nécessaire. Je ne les connais point; mais si ces premières démarches ont eu lieu, comme je ne saurais guère en douter, je plains madame de Bussy de ne les avoir pas suivies : elle aurait évité une scandaleuse publicité; elle n'eût point eu à se défendre d'imputations qui, aujourd'hui, ne laissent plus de doute. Elle ne se fût point mise dans l'odieuse nécessité d'outrager les morts, de soulever, d'une main desséchée par le temps, la tombe d'un infortuné pour flétrir sa cendre; car, j'en suis sûr, madame de Folleville est, au fond de son cœur, aussi convaincue que moi de l'innocence de Lesurques; et moi, je n'aurais pas repris la plume pour repousser de nouvelles calomnies; je n'eusse point écrit ce mémoire, où j'ai rappelé à regret des circonstances qu'il ne m'importait nullement de divulguer, car je ne cherche point le scandale. Mais, après avoir fait briller l'innocence du malheureux Lesurques, après avoir appelé l'œil de la justice sur sa triste famille, devais-je l'oublier dans de nouveaux dangers? Nourrie dans le malheur, elle est remplie de courage et de résignation. Combien de fois ne lui ai-je pas entendu dire : « Si nous n'avions pas la conviction que les biens qu'on veut nous ravir sont « à nous; si nous avions eu, au commencement de « ce procès, le moindre doute à cet égard, nous « eussions été les premiers à demander des arbitres, à nous soumettre à leur décision; et si « leur jugement ne nous eût pas été favorable, « nous nous serions résignés de nouveau aux décrets de la Providence, nous aurions supporté « les coups dont la mauvaise fortune nous accable « depuis si long-temps; peut-être quelques larmes « se seraient échappées de nos yeux, mais nous « eussions subi notre malheur sans reproche, et

« cherché dans le travail le remède à nos maux. »

Si madame de Bussy eût suivi ses premières déterminations (et, je le dis ici dans son intérêt, c'était l'unique voie de salut et d'honneur qui lui restât), elle ne serait pas aujourdhui livrée aux transes mortelles qui doivent l'assiéger. Car elle ne saurait se le dissimuler, l'affaire est d'une effrayante gravité pour elle.

Quel est donc le mauvais génie qui l'a détournée d'une si sage résolution? Lui aurait-on persuadé qu'en attaquant la mémoire de Lesurques, qu'en feignant d'avoir des notions particulières sur le fait qui l'a conduit à la mort, qu'en remettant son innocence en question, qu'en noircissant sa vie par d'affreuses calomnies, qu'en surprenant jusqu'à la religion de ses propres défenseurs par de noires impostures, qu'en faisant valoir auprès des magistrats le rang qu'elle occupe dans la société, le nom qu'elle a reçu d'une famille recommandable, l'éclat d'une fortune brillante, elle parviendrait à détruire l'intérêt que la fin tragique de Lesurques a inspirée à toute la France, à faire retomber sur une famille sans appui la honteuse prévention de fraude qui pèse sur elle-même? Lui aurait-on insinué qu'il est avec la terre des accommodements, aussi bien qu'avec le ciel? Qu'enfin il est rare que le fort succombe devant le faible, le riche devant le pauvre? Sans doute on a vu quelquefois la fraude l'emporter sur la bonne foi, le crime sur l'innocence, le vice sur la vertu. Mais jamais l'honnête homme n'a fait de semblables calculs. Je plains madame de Bussy de s'y être livrée. Elle s'est flattée, contre toute justice, de faire rejeter l'inscription de faux, et ses défenseurs, sans rien perdre de leur hauteur accoutumée, se sont présentés hardiment à l'audience de la Cour royale. La chambre était présidée par M. Cassini, dont l'intégrité, le mérite et les vertus font depuis long-temps un des plus beaux ornements de la magistrature de Paris. Voyons donc maintenant, puisque madame de Bussy s'est résignée à chercher son réfuge dans les voies tortueuses de la chicane, par quels détours elle essaiera d'échapper à l'accusation qui la poursuit; quels moyens elle essaiera d'opposer aux arguments de faux présentés avec une rare éloquence par Me Mérilhou. Ils sont au nombre de 21, et j'en ai déjà indiqué les plus importants.

SECONDE PARTIE.

Des moyens employés par madame de Bussy, devant la seconde chambre de la Cour royale, pour repousser l'accusation des héritiers de Joseph Lesurques.

Rappelons-nous bien l'état de la pièce. Elle est fortement empreinte d'une teinte jaunâtre qui s'est reportée sur l'acte de dépôt et le *certifié véritable* de madame de Bussy. Le dernier mot du recto ne se joint point au premier mot du verso ; la feuille sur laquelle l'acte a été écrit, a été rognée dans sa partie supérieure. A la fin de l'acte se trouve une longue analyse d'une encre plus récente, écrite transversalement; le corps d'écriture de la pièce est tellement attaqué, qu'il est presque impossible de le lire, en quelques endroits. La mention de l'enregistrement est presque anéantie, mais la signature Lesurques est bien conservée.

Voyons ce que répond à cela Madame de Bussy : elle nous rappelle d'abord qu'elle est d'un rang élevé et d'un âge avancé, ce qui ne fait rien à l'affaire; elle habite un château en Picardie, ce qui est fort indifférent; elle est riche, c'est ce qui ne nous touche guère; elle jouit d'une grande considération, ce que nous ne croyons pas. Elle pourrait donc, disent les défenseurs, s'abstenir d'abaisser l'honneur de son rang et de son nom, devant des gens de bas aloi, tels que ses adversaires, et ne leur répondre que par le mépris ; mais elle veut bien, pour cette fois seulement, et sans tirer à conséquence, oublier ce qu'elle est et ce qu'ils sont. Cela est beau et fier; cependant, si haut qu'elle prétende monter ses quartiers, madame de Bussy sait bien qu'il n'est pas de rang qui ne disparaisse devant la justice; elle consent donc à répondre.

On lui dit : « L'acte du vingt-deux mai est dans « l'état de détérioration le plus déplorable. Il est « vrai qu'il a trente-sept ans de date; mais on « conserve des papiers de plusieurs siècles qui sont « loin d'être dans cet état. »

Elle répond : « Cet acte remonte à l'époque de « la révolution. Madame de Folleville avait été « obligée de se cacher et de mettre en sûreté tous « ses papiers. La partie principale fut déposée « dans un caveau du château. Une autre fut laissée « dans le chartrier et enlevée par les autorités du « temps, disparaissant pour toujours. Quelques-« uns furent remis à titre de confiance à M. Dani-« court, greffier en chef du tribunal de Péronne; « plus tard il rendit tout ce qui lui avait été con-« fié. Cependant madame de Folleville recouvra « sa liberté sur la fin de 1794. Elle apprend les « désordres de Lesurques, fait enregistrer l'acte « du 22 mai, et le remet à M. Lemoine, son con-« seil et son ami. Lesurques est condamné. Ce qui « s'était passé entre madame de Folleville et lui, « avait fait naître la haine dans le cœur de la « veuve et des héritiers Lesurques.

« Madame de Folleville se trouvait constam-« ment en butte aux menaces et dénonciations de « cette famille. Elle en fut même la victime, et

« fut arrêtée à Amiens par ordre du ministre de « la police générale, pour ses relations avec l'émi- « gration. Cette arrestation eut lieu peu de temps « après les démarches qu'avait faites M. Lemoine, « à Douai, en l'an V, pour les recouvrements de « la ferme de Férin et celui des créances de ma- « dame de Folleville sur Lesurques. M. Lemoine « fut bientôt aussi l'objet des tracasseries et des « menaces de la famille Lesurques. Ce fut alors la « crainte d'être compromis qui lui fit prendre le « parti de déposer et cacher derrière un panneau « de boiserie, l'écrit du 22 mai 1792. Le mur « contre lequel le parquet était appliqué était hu- « mide et salpêtré. Dans l'épaisseur du mur se trou- « vait pratiqué un conduit de fosses d'aisance. « Voilà l'endroit où resta déposé, *avec d'autres* « *papiers*, l'acte du 22 mai. Lorsque l'acte fut re- « tiré de cette cachette, il se trouva altéré par « l'humidité et par le salpêtre, jauni et maculé « dans toute son étendue, mais pourtant encore « bien lisible comme il l'est encore aujourd'hui. « Cette explication n'a pas besoin d'interpréta- « tion ; elle est naturelle et vraie. »

Naturelle et vraie ! Pas si naturelle, madame, pas si vraie qu'il vous plaît de le dire. Il est Cependant un point sur lequel je vous prie d'agréer nos remercîments, c'est celui où vous convenez que l'acte du vingt-deux mai s'est trouvé entre les mains de M. Lemoine. Nous le disons comme vous. Nous voici au moins d'accord une fois sur un fait; mais nous le serons moins sur quelque autre. Vous nous assurez que quand M. Lemoine se vit possesseur de ces papiers, la terreur le prit; les menaces de la famille Lesurques l'effrayèrent, et, transi de peur, il alla cacher derrière un panneau de boiserie l'acte du 22 mai et plusieurs autres papiers. Elle était en effet bien redoutable cette famille Lesurques! car elle se composait d'une veuve accablée de douleur, du caractère le plus doux, le plus inoffensif, et de trois enfants dont l'aîné était âgé de cinq à six ans, de deux autres de deux à trois ans. Quel tremblement ne devaient pas causer à madame la marquise et à M. Lemoine de pareils ennemis! M. Lemoine, dites-vous, saisi de frayeur, arracha un panneau de boiserie, y cacha l'acte du 22 mai et d'autres papiers. Parmi ces papiers, devaient sans doute se trouver aussi les billets souscrits par Lesurques. Le malheur veut que derrière cette boiserie se trouve un tuyau de fosse d'aisance, et voilà les vapeurs ammoniacales qui s'emparent de cet acte et le flétrissent indignement d'une teinte jaune qui s'est conservée jusqu'à ce jour.

Oserai-je, madame, me servir d'une expression

dont je demande d'avance pardon à mes lecteurs, d'une expression qu'un homme de bon ton n'emploierait pas, mais qui sort naturellement du sujet : ceci ne sent pas bon.

D'abord on ne vous croira pas sur parole; puis l'on vous dira : S'il est vrai que d'autres papiers aient été placés dans cette même cachette, ils doivent avoir contracté les mêmes apparences, la même dégradation que l'acte dont il s'agit. Les billets que vous produisez en même temps devraient avoir subi le même sort. Pourquoi sont-ils intacts? Montrez-nous, de grace, ces papiers qui ont séjourné au même lieu. Faites-nous voir ces panneaux de boiserie enlevés et replacés ensuite. Ne craignez pas de nous déranger. Nous nous transporterons volontiers sur les lieux pour rendre hommage à votre véracité. Vous dites que l'écriture de cet acte est encore très lisible; et moi qui l'ai vu, je vous soutiens qu'elle est presque indéchiffrable. Il fallait les jeunes yeux et toute la bonne volonté du copiste pour en tirer une expédition exacte. J'ai parlé plus haut de la lettre écrite à M. Danicourt par le sieur Coute. Cette épître n'était pas sans intention. Avant de mettre sur le compte de M. Lemoine l'état où se trouve cette pièce, il fallait se mettre en garde contre un démenti. Or M. Danicourt ayant répondu négativement, et M. Lemoine étant mort, on se trouvait en sûreté sur ce point; mais s'y trouvera-t-on sur l'observation suivante?

La teinte jaune dont l'acte du 22 mai est maculé se manifeste sur l'acte de dépôt qui lui a servi d'enveloppe et sur une partie du certifié véritable de madame de Folleville; d'où les héritiers Lesurques concluent qu'à l'époque où le dépôt a été fait, l'opération chimique était de nouvelle date et que la pièce n'avait pas eu le temps de sécher.

Madame de Folleville répond : que ces taches sont légères, qu'elles sont probablement l'effet du hasard; que la pièce principale étant fortement jaunie dans toute son étendue, l'acte du dépôt devrait l'être de même, si les taches qu'on y remarque provenaient d'une opération chimique sur l'acte du 22 mai. Qu'au surplus, il est possible que l'acte de dépôt et la pièce qu'il contenait, aient été placés chez le notaire dans un placard près d'un mur humide, comme cela arrive quelquefois.

Mais que dirait madame de Folleville, si la pièce étant soumise à des experts, on venait à découvrir que les taches de l'acte du dépôt sont de la même nature et proviennent du même agent que la pièce elle-même. Car M. Lemoine ayant caché l'acte en 1796, et madame de Folleville ne l'ayant déposé qu'en 1803, cet acte avait eu le temps de sécher, et ne devait par conséquent entacher ni l'écriture de madame de Folleville, ni l'acte de dépôt.

Madame de Bussy a-t-elle cru que les héritiers Lesurques s'interdiraient toute espèce de raisonnement? Passons à un TROISIÈME REPROCHE.

A la fin du recto, est une tache d'encre qui paraît avoir eu pour objet de faire disparaître un mot qui ne se liait plus avec la première ligne du verso, pour les causes que nous avons indiquées. A côté de ce mot est un renvoi dont on ne retrouve le rejet qu'au verso et à la fin de l'acte, et les mots qui le composent sont si maladroitement ajoutés, qu'ils ne lient pas la dernière phrase du recto avec la première du verso.

Ici madame de Folleville paraît embarrassée; elle se plaint de la position où on la met. On veut qu'elle réponde de ce qui n'est pas de son fait; qu'elle explique ce qui ne la regarde pas. Car ce n'est pas elle qui a écrit et rédigé la déclaration du 22 mai; si l'on trouve dans cette pièce quelques incorrections, est-elle tenue de les expliquer? Cependant, par condescendance, elle veut bien prendre cette peine qui ne la regarde pas.

D'abord, dit-elle, la tache d'encre qu'on remarque à la fin du recto, est une chose toute naturelle. Lesurques a pu la laisser tomber, de sa plume, sans y faire attention; 2° le renvoi est à la vérité rejeté à la fin de l'acte, et ne se lie pas exactement avec la première ligne du verso. Il faudrait qu'on y ajoutât *dans*. Mais ce mot ne peut-il pas être resté au bout de la plume de Lesurques? Un pareil oubli suffit-il pour donner naissance à des soupçons de faux? Et si l'on demande pourquoi ce renvoi est si singulièrement placé, madame de Folleville sera-t-elle obligée d'en donner la raison? N'est-ce pas la fatiguer de misérables chicanes?

On répond que madame de Folleville a tort de se plaindre des embarras qu'on lui suscite. Elle présente après trente-trois ans, un acte dont l'objet est de ravir aux héritiers Lesurques les débris de leur fortune; cet acte est dans un état de délabrement qu'elle ne nie pas elle-même. Les teintes dont il est maculé paraissent, au premier aspect, l'effet d'un travail criminel. De savants chimistes y reconnaissent l'action d'une substance altérante, et l'on verra bientôt que leurs conjectures ont été pleinement vérifiées. Dès ce moment, ne devient-il pas suspect jusque dans ses moindres détails? et les héritiers Lesurques ont-ils tort de ne rien négliger pour éviter la ruine complète où madame de Bussy veut généreusement les précipiter? N'est-il pas de l'honneur et de la délicatesse de cette dame, de ne pas laisser le moindre doute sur la sincérité de la pièce qu'elle produit, et de dissiper tous les soupçons que fait naître l'état extraordinaire où elle se trouve? Lesurques était un homme entendu, il avait assez rédigé d'actes pour savoir où se place un renvoi et lier ensemble les mots d'une phrase avec ceux d'une autre. On a donc lieu de supposer que ces irrégularités qu'on vient de noter, ne proviennent pas de lui.

Un QUATRIÈME REPROCHE dont on a parlé donne une grande force à cette opinion. La feuille de papier timbré sur laquelle l'acte est écrit, est coupée dans sa partie supérieure, au verso; on s'aperçoit sans peine qu'on en a reretranché quatre à cinq lignes; la trace des ciseaux est encore apparente. La preuve en résulte de la comparaison de cette feuille avec une autre de la même époque, du même département, du même timbre; elle est évidemment plus courte.

Madame de Folleville répond que le papier a été ébarbé, qu'il n'est ni plus court ni plus long qu'un autre, d'ailleurs s'il eût été coupé, comme on le dit, le timbre en eût été endommagé; non seulement il ne l'est pas, mais il reste encore au-dessus un espace blanc, et cet espace est égal des deux côtés. Cependant, supposons, dit Madame de Bussy, que l'on eût réellement coupé cette feuille, c'eût été l'affaire de deux ou trois lignes; or, que les héritiers Lesurques, avec leur esprit inventif, disent ce que Lesurques aurait pu ajouter dans l'espace de deux ou trois lignes qui détruisît les termes positifs de l'acte; d'ailleurs ils ont soutenu que cet acte ne pouvait être considéré que comme un simple projet. Dès-lors qu'avait-on besoin de le falsifier? S'il n'était obligatoire pour personne, ne pouvait-on pas le laisser tel qu'il était?

Mais moi, je repondrai à madame de Bussy : qu'il n'est point vrai que la feuille dont il s'agit n'ait été que simplement ébarbée, qu'il est de fait qu'elle est plus courte que les feuilles du même genre, de la même époque, du même département, qu'il ne faut que des yeux pour s'en assurer, et que M. le conseiller Cauchy, devant lequel on a constaté l'état de la pièce n'a pu s'empêcher d'en convenir. Et l'on verra bientôt que les experts chimistes l'on constaté dans leur procès verbal; ou si la pièce à été coupée, de quel droit madame de Bussy vient-elle exiger des héritiers Lesurques qu'ils reproduisent ce que l'on a coupé? N'en sait-elle pas à cet égard plus qu'eux. Sans doute, si, avant de remettre cet acte à M. Lemoine, madame Lesurques en eût fait, par précaution, tirer une copie revêtue de toutes les formes légales, elle pourrait, en la représentant aujourd'hui, dire à madame de Bussy: Voilà ce que vous avez coupé, voilà ce que vous avez enlevé; et madame de Bussy serait accablée; mais elle était elle-même trop accablée de douleur, trop incapable de réflexions pour songer à de pareils soins: Dailleurs M. Lemoine était digne de sa confiance. Les héritiers du malheureux Lesurques diront donc à madame de Bussy. « L'acte que vous pro-« duisez et que vous n'auriez pas montré, si l'on ne « vous y eût forcé, cet acte est mutilé. Cela nous « suffit. Ce n'est pas certainement dans notre in-« térêt que vos ciseaux se sont ouverts pour en re-« trancher quelque chose. Mais enfin puisque vous « le voulez, nous allons vous indiquer, non ce « qui a existé, car nous ne sommes pas devins, « mais ce qui a pu exister. Supposons donc qu'après « la phrase qui indique le versement des 21,600 l., « il y en eût une autre qui obligeât madame de « Bussy à faire successivement tous les paiements, « et qui contînt une clause résolutoire pour un cas « donné, supposons que l'accomplissement de ce « cas résolutoire fût constaté au bas de l'acte et « dans le corps d'écriture qu'on a fait disparaître, « n'est-il pas vrai qu'alors tout serait expliqué, et

« la coupure et la destruction du corps d'écriture « placé à la suite de l'acte? Tout serait lié à un « plan unique; et l'acte serait annulé par cela « même que madame de Bussy n'aurait pas fait « tous les paiements; et nous avons vu plus haut « que madame de Bussy déclare elle-même qu'elle « ne saurait prouver qu'elle ait fait ces paiements.

Pressée de toutes parts, elle se réfugie dans des sophismes. « Si cet acte, dit-elle, n'était, « comme vous le prétendez, qu'un simple projet, « il n'était donc pas obligatoire, et, dans ce cas, « qu'avait-on besoin de le falsifier? »

Mais, madame, un projet peut devenir définitif, si les conditions qu'il contient sont accomplies; et si elles ne le sont pas, on peut, de consentement mutuel, l'annuler; il ne faut pour cela qu'une simple phrase, mais il faut que cette phrase soit claire et précise; il ne faut pas un acte dans un état aussi déplorable, aussi suspect que celui que vous présentez. »

Passons a un cinquième reproche.

Que signifie cette longue analyse, posée transversalement sur le verso de l'acte et qui occupe toute la partie blanche au-dessous de la mention de l'enregistrement! N'aurait-elle pas eu pour objet de masquer un arrêté de compte ou une clause qui annulât cet acte: car il est sans exemple que, pour indiquer un acte d'une page et quelques lignes, on s'amuse à en faire un extrait qui, pour être lu, demande autant de temps que l'acte lui-même.

Madame de Bussy répond : Qu'il est permis à tout le monde de perdre son temps, qu'il est impossible que cette analyse ait eu pour objet de masquer quelque clause résolutoire, car, dit-elle, c'est antérieurement à la mort de Lesurques que la pièce a été enregistrée; elle l'avait donc alors en sa possession : « Le sieur Lesurques, dit-elle, « est arrivé à Paris en 1795; madame de Folle- « ville ne l'a jamais revu depuis cette époque; il « a donc été impossible que cette pièce ait été « remise par elle aux mains de ce dernier, « qu'elle ne voyait plus. »

Mais quelle réponse n'a-t-on pas à faire à madame de Folleville? Ne peut-on pas lui représenter d'abord que l'on n'est pas tenu de l'en croire sur parole? Secondement, que l'acte dont il s'agit ayant été enregistré le 14 janvier 1795, et que Lesurques n'étant parti pour Paris que sur la fin de cette année, il s'est écoulé assez de temps pour que madame de Folleville ait pu remettre cet acte à Lesurques, ainsi que les billets qu'il lui avait souscrits. En troisième lieu, que, postérieurement à la mort de cet infortuné, l'acte a pu revenir à madame de Folleville, comme nous l'avons dit, et que cette dame, pour en tirer parti, ait été réduite à employer les moyens dont la famille Lesurques n'a eu que trop de raison de demander la vérification.

Le moment approche où la vérité va enfin dégager son front des nuages que Madame de Folleville et ses conseillers ont essayé de rassembler autour d'elle. Que Madame de Folleville ne soit pas trop fière des succès qu'elle a obtenus en première instance, le terrain et les personnages sont aujourd'hui mieux connus; chaque jour répand une nouvelle lumière sur cette cause, et on se familiarisera bientôt avec l'idée qu'une mauvaise pensée peut naître dans le cœur d'une femme riche et placée dans un rang élevé, comme dans le cœur d'une femme du rang le plus vulgaire: on sait depuis long-temps qu'un nom distingué, une grande fortune, ne sont pas toujours le gage d'une grande vertu.

Mais ils sont souvent le motif d'une grande arrogance; ils inspirent une grande sécurité, et c'est ce qui m'explique celle de madame de Bussy, la hauteur de son langage et celle de ses conseils. J'avoue que les succès inespérés qu'elle a obtenus dans le début de ce procès sont de nature à lui inspirer une grande confiance. Qui le croirait?

La malheureuse famille Lesurques demandait la vérification de l'acte dont je viens de signaler les nombreux indices de falsification. Elle se flattait de faire servir l'orgueil même de madame de Bussy au succès de sa demande. Mais madame la marquise sait renoncer à l'orgueil et s'abaisser quand il le faut; elle a prudemment décliné un combat où l'honneur l'appelait, et la demande des héritiers Lesurques a été rejetée.

Ne nous dissimulons pas ici les retours ingénieux dont madame de Bussy est capable. Ce n'est pas sans habileté, comme on l'a déjà dit, qu'elle a attaqué les mœurs et la probité de l'infortuné Lesurques. Ce n'est pas sans habileté qu'elle a essayé de jeter des doutes sur son innocence. Ce n'est pas sans habileté qu'elle a rapporté, sous le nom de M. Lemoine, des faits indignes de la véracité de cet honnête homme, des faits odieux dont je viens de démontrer l'imposture. Il lui fallait détruire l'intérêt qu'inspirent les malheurs de la famille Lesurques. Il lui fallait, pour avilir la victime et ses enfants, colporter partout la calomnie et la diffamation. Il lui fallait, s'il était possible, séduire les ames les plus nobles, surprendre des cœurs que leurs vertus mêmes rendaient plus dociles à ses inspirations.

On s'est donc dit : « Comment imaginer qu'une « femme d'un rang, d'une fortune honorable, d'un

« âge avancé, ait pu former et nourrir dans son « cœur les noires et viles combinaisons dont l'ac- « cusent les héritiers Lesurques? Comment se « persuader que, pour leur arracher quelques lam- « beaux du peu de fortune qui leur reste, elle « n'ait pas rougi de recourir à des moyens hon- « teux que la loi flétrit de peines infamantes? « Tant de dégradation peut-il se supposer? » Ainsi l'accusation des héritiers Lesurques est retombée sur eux-mêmes. On a vu l'honneur où était la honte, l'erreur où était la vérité et la justice. La Cour royale a donc repoussé l'inscription de faux par un arrêt du 17 février dernier; et M. l'avocat général, trompé lui-même par ces idées d'honneur qu'on se plaît à placer dans les rangs les plus élevés de la société, se refusant à la pensée qu'il eût déserté du cœur de madame de Bussy, a dit :

« Si les héritiers Lesurques étaient convaincus « de l'innocence de leur auteur, ils ont rempli un « devoir sacré en poursuivant avec instance sa « réhabilitation. Mais en voulant s'approprier ce « qui ne leur appartient pas, en accusant de faux « madame de Folleville dont la vie tout entière « est digne d'estime, ils ont diminué l'intérêt « qu'avaient répandu eux sur les malheurs de leur « auteur. »

Et la Cour, pénétrée des mêmes sentiments que lui, a rendu l'arrêt snivant.

« La Cour, considérant qu'une preuve ne peut « être admise par la justice qu'autant que les faits « articulés sont de nature à déterminer la décision « en faveur de la partie qui les articule, dans « le cas où ils doivent être prouvés et prononcés;

« *Considérant qu'en admettant, comme le pré- « tendent la veuve et les héritiers Lesurques, que « les vérifications demandées prouveraient qu'un « corps d'écriture a été enlevé par des procédés « chimiques, à la suite de l'acte dont il s'agit, il « n'y aurait aucun moyen d'établir le contenu de « ce corps d'écriture complétement détruit, et « dont il ne subsiste aucune espèce de trace, « d'où il suit que la preuve demandée, ne pou- « vant admettre aucun résultat utile, ne peut être « admise.*

« Considérant d'ailleurs que les faits et circon- « stances de la cause *rendent invraisemblables « les faits allégués*, déclare la veuve et les héri- « tiers Lesurques non recevables dans leur inscrip- « tion de faux contre la minute de l'acte dont il « s'agit, laquelle sera, en conséquence, rétablie « entre les mains du notaire dépositaire de cette « pièce; ordonne que les parties plaideront sur « le fond. »

Cet arrêt fut un coup de foudre pour la famille Lesurques. Elle crut y reconnaître une suite de cette fatalité qui l'accable de son poids depuis tant d'années. Elle se demandait comment on lui refusait une épreuve qui semblait de droit naturel? comment, lorsque cette pièce paraissait si frauduleuse et dans un état de dégradation incontestable, quand, d'une part, on croyait y reconnaître l'action d'un agent chimique, quand, de l'autre, on attribuait cet état à l'influence du lieu où elle avait été cachée, on se refusait à résoudre le problème? comment enfin la Cour décidait comme un point de droit une question qui sortait du domaine de la jurisprudence, et appartenait évidemment au domaine de la physique?

On avait entendu dans cette cause professer d'étranges principes: « Qu'importe, disaient les « défenseurs de madame de Folleville, l'état où se « trouve la pièce que nous vous présentons? N'é- « tait-elle pas à nous? n'étions-nous pas les maîtres « d'en faire ce qui nous plaisait? de la tailler, de « la rogner, de la passer aux acides? N'était-elle « pas notre propriété? Quel droit ont les héritiers « Lesurques de nous demander compte de sa « couleur, de ses dimensions? Voici la signature « de votre chef, voici un acte écrit tout entier de « sa main qui vous déclare usurpateurs du do-

« maine de Férin, qui en confère la propriété à « madame de Folleville. La dame Lesurques ab- « jurera-t-elle le respect qu'elle doit à la mémoire « de son époux, les enfants celui qu'ils doivent à « leur père? Jaune au non, la pièce est intègre; « l'inscription de faux est une injure gratuite, un « indigne affront fait aux cheveux blancs d'une « dame de près de 80 ans, dont la vie n'a cessé « d'être digne de la plus haute considération. »

Les héritiers Lesurques semblaient donc accablés. Comment pourrais-je peindre la douleur dans laquelle je les vis plongés après cet arrêt redoutable? Je répète que madame Lesurques est un modèle de douceur, de résignation, de piété, de soumission aux ordres du ciel. Cependant de nouvelles larmes s'échappèrent de ses yeux, consumés depuis trente-trois ans par la douleur. Elle est plus que sexagénaire; ses vertus, ses malheurs, inspirent pour elle le plus touchant intérêt. Toute cette famille était muette d'étonnement; mais son défenseur et ses amis n'étaient pas sans espérance. Ils voyaient d'une part les moyens qu'elle avait à déployer en plaidant sur le fond; d'un autre, ils trouvaient dans un des considérants de l'arrêt une ressource puissante et infaillible.

La Cour déclarait que *quand bien même un corps d'écriture aurait été enlevé par des procé-*

dés chimiques, il n'y aurait aucun moyen d'établir le contenu de ce corps d'écriture entièrement détruit, et qu'en conséquence l'épreuve demandée ne serait d'aucune utilité. Mais elle affirmait plus qu'il ne lui appartenait; car cette question, comme on l'a déjà dit, était du ressort des sciences physiques et non des tribunaux.

Les sciences physiques devaient donc venir au secours de l'innocence et du malheur. Des chimistes, dont le nom seul est une autorité, virent la pièce incriminée et ne doutèrent pas qu'elle n'eût été travaillée à dessein. Ils attestèrent en même temps qu'il existait des procédés propres à faire renaître, en tout ou en partie, les traces des écritures détruites, et par ces mêmes moyens découvrir les falsifications. Voici leur avis :

« Je soussigné certifie m'être transporté au « greffe de la Cour royale, et avoir examiné, avec « attention, une pièce sous seing-privé, portant « au verso la signature Lesurques, et à la suite « une mention d'enregistrement à peu près illisible; et plus bas, dans un sens transversal, plusieurs lignes d'une écriture différente et postérieure, paraissant contenir une analyse détaillée des clauses écrites au recto.

« Cette pièce nous a paru présenter des traces « évidentes de l'action du chlore, après lequel il

« paraît qu'on a dû employer l'acide nitrique. Le « lavage a dû être opéré au moyen d'une éponge « ou d'un pinceau ; mais il est probable que la « crainte de détruire entièrement tout le corps de « la pièce, a engagé le faussaire à employer l'acide « nitrique fort légèrement. On apçeroit, à l'œil « simple, des traces d'écriture interlignées au haut « du verso ; il est évident qu'il y reste des traces « de couperose suffisantes pour être ravivées plus « ou moins parfaitement par une décoction gal- « lique.

« La preuve que ces altérations ont eu lieu « par le chlore ou l'acide nitrique résulte claire- « ment de ce que les annotations faites sur cet « acte, postérieurement à sa date et à l'époque « où il a été déposé chez un notaire (époque in- « diquée par le certifié véritable), sont altérées de « la même manière sans doute, parce que le papier « étant imbibé ou de chlore ou d'acide nitrique, « l'encre que l'on a employée pour tracer ce cer- « tifié véritable a dû subir la décoloration par l'ac- « tion de ces agents, qui cependant n'existaient « pas en quantité suffisante pour la détruire en- « tièrement. Il est remarquable que plusieurs let- « tres du certifié véritable sont restées noires « parce que sans doute le papier était moins im- « bibé à cet endroit, ou parce qu'il contenait plus

« de colle, ou enfin parce qu'il contenait un corps « gras; mais il n'y a que la préexistence d'un « agent chimique qui puisse expliquer la décolo- « ration du certifié véritable dont il s'agit, écrit « le même jour et avec la même encre que l'acte « du dépôt dans lequel il a été immédiatement ren- « fermé, et dont l'écriture n'est nullement déco- « lorée.

« Tout dans cette pièce annonce l'emploi des « moyens chimiques ci-dessus indiqués; tout dé- « montre la certitude de l'altération préméditée; « rien ne peut expliquer la situation actuelle de « cette pièce par des causes naturelles ou acci- « dentelles : en effet, si elle eût été exposée à l'hu- « midité prolongée d'un lieu frais, le papier se- « rait décomposé et affaibli, tandis qu'il est encore « dans toute sa force et toute son épaisseur.

« Quant au voisinage d'une fosse d'aisance, il « ne produit, outre l'humidité, que des émana- « tions ammoniacales qui n'auraient pu causer l'al- « tération dont les traces sont encore visibles.

« Il n'y a donc d'autre explication possible que « celle d'une altération préméditée, dans le des- « sein de faire disparaître une écriture quelconque.

« Cela posé, il y a plusieurs moyens connus en « chimie pour faire reparaître l'écriture enlevée : « sans entrer dans l'explication des divers procédés

« possibles, il suffira de dire qu'on atteindrait ce « résultat en mouillant le papier avec de l'eau ai- « guisée avec de l'acide hydrochlorique pur; on « pressera ensuite le papier entre des papiers Jo- « seph, et l'on mouillera de suite les traces sup- « posées avec une faible dissolution d'hydrocya- « nate de potasse ferruré; l'écriture reparaîtra « immédiatement en caractères de couleur bleue.

« Fait et délivré à Paris, le 27 avril 1829.

« *Signé* : N. V. Haussmann.

« J'ai examiné avec soin la pièce dont il est « parlé ci-dessus; voici l'opinion que je me suis « formée à ce sujet :

« Cette pièce me paraît avoir été altérée volon- « tairement et par des moyens chimiques. Je ne « doute point qu'en y appliquant le procédé in- « diqué plus haut, on ne parvienne à en rendre « l'écriture bien lisible; et je crois que si la pièce « a été réellement altérée, elle ne l'a pas été avec « assez de soin pour qu'on ne puisse pas y faire re- « paraître en même temps les caractères que l'on « suppose avoir été effacés à dessein.

« Paris, le 27 avril 1829.

« *Signé* : Darcet.

« Je soussigné, membre de l'Académie royale

« des Sciences, certifie que quand une écriture a
« été effacée par le chlore, il est possible, dans
« certaines circonstances, de la faire reparaître.

« Paris, 29 avril 1829.

« *Signé :* Baron Thénard. »

Ces avis sont péremptoires, car, puisque la Cour royale a fondé son arrêt sur l'impossibilité de faire reparaître dans l'acte du 22 mai, les clauses qu'on supposait en avoir été enlevées, que devient cet arrêt après le certificat des chimistes ? Les héritiers Lesurques ont toujours été convaincus que la Cour ne voulait, ne désirait que la vérité, qu'elle accueillerait les moindres lueurs qui pourraient la lui découvrir. Ils se présentèrent donc de nouveau devant elle. M. Mérilhou plaida leur cause avec le talent qui lui a valu une si juste célébrité. Les défenseurs de madame de Folleville firent de nouveaux efforts pour échapper à ce nouveau danger, et, loin d'accepter le défi qui leur était porté, ils s'enveloppèrent dans toutes les ruses de la chicane. C'était, disait-on, pour retarder le jugement définitif que la famille Lesurques présentait cet incident. On rappelait à la Cour qu'elle avait ordonné aux parties de plaider sur le fond, et qu'elle ne pouvait pas revenir sur son arrêt : on donnait tous les signes de la frayeur.

Mais la Cour pouvait-elle hésiter? il était maintenant démontré que la famille Lesurques avait eu raison de suspecter la sincérité de l'acte du 22 mai, et d'en demander la vérification. On ne pouvait plus lui reprocher de faire un affront sanglant à madame de Bussy. La scène changeait entièrement; les présomptions cessaient d'être en faveur de madame de Folleville; l'horizon s'éclaircissait. M. l'avocat-général, le premier, demanda que la vérité fût connue, et la Cour, qui n'aspirait en effet qu'à la connaître, qu'à rendre une justice éclatante à qui de droit, accueillit la demande de M. Merilhou, et nomma *MM. Gay-Lussac, Chevreul et Chevalier, experts chimistes, pour faire, en présence de M. Séguier, conseiller auditeur, telles opérations chimiques qu'ils jugeront nécessaires pour faire reparaître une écriture qui pourrait en avoir été enlevée.*

La voilà donc enfin réduite à subir une redoutable épreuve, cette dame *si fière, cette marquise* si hautaine, qui pouvait, disait-elle, ne répondre que par le mépris. Voilà donc cette pièce pour laquelle on a fabriqué tant de mensonges, bâti tant de romans, inventé tant de calomnies, la voilà soumise à l'exploration de trois hommes dont le savoir est connu de toute l'Europe, et dont la probité et l'honneur égalent le savoir. C'est sous les yeux de M. le conseiller-auditeur Armand Séguier qu'ils vont opérer, c'est-à-dire sous les yeux d'un jeune magistrat dont les connaissances dans les sciences physiques ne sont pas moins recommandables que celles qu'il a acquises dans la science du droit, et promettent à la France un homme de génie. Les fondés de pouvoir de madame de Folleville ont été témoins des soins religieux qu'ils ont apportés dans cet examen.

Le greffier de la Cour a tiré une copie figurée de la pièce; l'original est remis entre leurs mains. Au premier aspect, ils reconnaissent qu'il a été fortement altéré par une cause ou naturelle ou artificielle. Il s'agit de chercher d'où provient cette teinte jaunâtre dont il est plus ou moins empreint sur toute sa surface, et dont l'écriture a si prodigieusement souffert?

Les savants experts commencent par vérifier l'état de la pièce, ses dimensions, sa forme, la diversité de ses apparences; trois fondés de pouvoir de la famille Lesurques, MM. Mequillet, Thomasson et moi, assistent à cette opération, avec M. Cantresse, avoué. Plusieurs séances sont employées à ces savantes et scrupuleuses recherches. Chaque jour, MM. les experts écrivent le résultat de leurs découvertes. Enfin la vérité apparaît dans tout son jour; il ne reste plus de doute qu'on ait supprimé une écriture première, qu'on ait cherché à cacher ce délit par l'analyse écrite transversalement sur le verso. L'œil le moins pénétrant découvre les jambages des lettres, la direction des lignes, et quelques détriments de syllabes parmi lesquels on aperçoit distinctement deux caractères qui paraissent avoir appartenu au mot *charge*, et qu'on lit aisément. Le fondé de pouvoir de madame de Folleville lui-même est forcé d'en convenir. Joignons ici le procès-verbal des trois habiles académiciens.

RAPPORT

DE MESSIEURS GAY-LUSSAC, CHEVREUL ET CHEVALIER, EXPERTS CHIMISTES DANS L'AFFAIRE DES VEUVE ET HÉRITIERS LESURQUES,

Contre

MADAME DE BUSSY, ÉPOUSE DIVORCÉE DE M. LE MARQUIS DE FOLLEVILLE.

« Nous experts soussignés, chargés par arrêt de « la deuxième chambre de la Cour royale, en date « du lundi 4 mai 1829, de procéder à l'examen « d'une pièce, pour découvrir si un corps d'écriture en a été effacé, et s'il peut être rétabli,

« Nous nous sommes réunis, le samedi 27 juin « 1829, en la chambre du conseil de la deuxième « Chambre, où, en présence des parties, nous

« avons prêté serment entre les mains de M. Sé-
« guier, conseiller auditeur, et procédé ensuite à
« l'examen de cette pièce.

« La pièce étant visiblement altérée dans la cou-
« leur du papier, nous l'avons examinée, afin de
« constater tous les signes d'altération qu'elle pré-
« sentait.

« Le bord supérieur en avait été coupé, et les
« crans qu'on y remarquait semblaient indiquer
« qu'il l'avait été avec des ciseaux; ayant comparé
« la pièce avec une feuille de papier timbré de la
« même année, nous avons vu que celle-ci dé-
« passait la première de deux à trois lignes.

« Les parties altérées étaient d'un jaune roux,
« tandis que le reste du papier conservait une lé-
« gère teinte bleuâtre.

« Au verso, et en tête de la page où il y a
« quatre lignes écrites, et la signature Lesurques
« au-dessous, on remarquait que les interlignes
« ainsi que le papier qui est au-dessus de la pre-
« mière ligne, et celui qui est au-dessous de la
« quatrième, étaient colorées en roux, excepté la
« signature et l'espace autour, qui se trouvaient
« ainsi avoir été préservés de l'action de la cause
« altérante.

« En plaçant la pièce entre l'œil et la lumière,
« on aperçoit dans les parties colorées en roux,

« des linéaments qui semblaient avoir appartenu « à un corps d'écriture qui avait disparu. Ces li« néaments ne pouvaient être attribués à l'écriture « du recto, puisqu'on avait eu la précaution d'en « marquer les lignes par des trous d'épingles. Ils « ne pouvaient être attribués non plus aux fila« ments du papier, ainsi que nous l'apprit l'obser« vation comparée que nous fîmes de la pièce, « avec une feuille de papier timbré de la même « année.

« Enfin, au-dessus du timbre, et toujours sur le « verso, on distinguait évidemment des lettres, « sans qu'on pût cependant les assembler d'une « manière certaine.

« Dans la moitié inférieure du verso, il y a une « écriture qui va dans le sens de la longueur du « papier; la coloration en jaune roux était plus « uniforme et plus intense que dans la moitié su« périeure, et l'on apercevait dans les interlignes « de cette écriture, des linéaments semblables à « ceux dont nous venons de parler. Il était évi« dent, à la simple inspection de la pièce, que « l'*altération que l'on remarquait dans la couleur « et dans la consistance même du papier, n'a pu « être produite dans le cas où la pièce aurait été « pliée sur elle-même.*

« L'état de la pièce ayant été ainsi constaté,

« nous avons procédé à des essais chimiques. Les « parties de la pièce colorées en jaune roux étaient « sensiblement alcalines au papier rouge de tour- « nesol, tandis que les parties bleuâtres, ou non « altérées, étaient légèrement acides au papier bleu « de tournesol, comme elles devaient l'être, puis- « que l'on ajoute de l'alun à la matière qui sert « à coller le papier à écrire.

« Les parties colorées en jaune roux imbibaient « l'eau plus promptement que les autres.

« En lavant le papier avec de l'eau parfaitement « pure et la faisant évaporer à sec, nous avons ob- « tenu un résidu alcalin qui devait cette pro- « priété à un alcali fixe, et non à de l'alcali vo- « latil. Nous avons reconnu dans ce résidu la « présence d'une quantité notable de chlore et de « potasse, et nous y avons constaté l'absence de la « chaux et de l'acide nitrique.

« D'après ces résultats, on ne peut supposer « que les altérations de la pièce aient été produites « par des émanations ammoniacales, ou par le con- « tact d'une muraille salpétrée.

« Nous avons plongé la pièce dans un bocal « rempli avec une faible solution de prussiate de « potasse acidulée (cette liqueur a la propriété de « faire passer au bleu la matière ferrugineuse de » l'encre), et, au bout de plusieurs jours, nous

« avons pu nous convaincre que les linéaments « que nous avions aperçus sur le verso de l'acte « étaient bien ceux d'une écriture qu'on avait fait « disparaître, car on en suivait parfaitement les « lignes, et on y reconnaissait des lettres, et même « des syllabes, dans des parties où on n'en avait « pas remarqué avant l'immersion de la pièce « dans la liqueur de prussiate acidulée.

« Cette écriture était évidemment plus fine que « l'écriture lisible de l'acte; malheureusement les « traces de fer restées après l'effaçure étaient trop « légères pour qu'on ait pu les faire revivre par- « faitement dans son ensemble, et, d'un autre « côté, la couleur bleuâtre que les partics du pa- « pier non écrites avaient prise contribuai à la « rendre moins distincte.

« Enfin, nous avons tiré la pièce du bocal, « lorsque nous avons vu que l'écriture commen- « çait à s'affaiblir, parce que le bleu de prusse, « qui s'était formé aux dépens de la partie ferrugi- « neuse de l'encre, commençait à se détacher du « papier.

CONCLUSION.

« D'après ces faits, il nous est démontré qu'il a « existé sur la pièce qui nous a été soumise une « écriture différente de celle qui en forme actuel-

« lement le corps, et que les moyens employés
« pour faire disparaître la première écriture ont,
« sans doute, déterminé les altérations qu'on re-
« marquait dans le papier au moment où la pièce
« nous a été remise.

« *Paris, le* 24 *juillet* 1829.

« *Signés :* Gay-Lussac, Chevreul
« et Chevallier, experts chimistes. »

Cet acte laisse-t-il quelque chose à désirer ? le délit est-il assez prouvé ? Que madame de Bussy vienne maintenant nous rappeler son nom, son âge, sa fortune, et la prétendue considération dont elle jouit ! Qu'elle vienne redire aux héritiers Lesurques, par la bouche de ses défenseurs : « Voici
« un acte écrit tout entier de la main de votre
« auteur, revêtu de toutes les formes légales, en-
« registré en 1795. Reconnaissez-vous sa signa-
« ture ? oserez-vous la renier ? Refuserez-vous de
« faire honneur à des engagements si positifs, si
« si évidents, si sacrés ? Rendez, rendez ce qui
« n'est point à vous ; renoncez enfin à une cou-
« pable usurpation. »

C'était sur ce ton que l'on plaidait, en première instance, pour madame de Bussy. On présentait aux héritiers Lesurques une simple copie de l'écriture de leur auteur, et on leur disait : « Recon-

« naissez-vous cette signature ? reconnaissez-vous « cette écriture ? » L'audace pouvait-elle aller plus loin ? Mais aujourd'hui la scène est changée ; l'imposture est reconnue ; les héritiers Lesurques diront à leur tour :

« Cessez ce langage insultant, vos apostrophes « ne nous effraient pas ; nous sommes pleins de « respect pour la mémoire de notre chef, nous pleu- « rerons éternellement son malheur et la perte que « nous en avons faite ; tout ce qui nous viendra « de lui sera l'objet de nos plus tendres affections. « Mais ce que vous nous présentez ne vient pas « de lui ; si cette pièce a été quelque temps son « ouvrage, elle a cessé de l'être en passant par vos « mains, elle s'y est flétrie et corrompue. Vous « osez nous accuser de vouloir nous approprier « un bien qui ne nous appartient pas. Répondez ; « dites-nous maintenant, à qui de vous ou de nous « ce reproche appartient-il ? Vous vous flattiez « d'échapper à l'œil de la Providence, à la pénétration des magistrats et de nos défenseurs ; de « dérober à la connaissance de nos juges cette « pièce si indignement mutilée, si criminellement « falsifiée, si soigneusement ensevelie depuis près « de trente ans dans l'étude lointaine d'un notaire. « Il était si commode d'en tirer des copies, de les « faire valoir frauduleusement comme la repré-

« sentation fidèle de l'acte original. Vous fondiez
« vos succès sur l'artifice et le mensonge. Un sy-
« cophante affidé colportait partout contre nous
« la diffamation ; mais enfin son masque est
« tombé, il reste avec toute sa difformité; voilà
« notre réponse, osez y répliquer. »

Oui, ils l'oseront, car il est des gens

> Qui, goûtant dans le vice une tranquille paix,
> Ont su se faire un front qui ne rougit jamais.

Ils l'oseront, mais leur audace même ne servira qu'à augmenter leur confusion! Je parlerai à mon tour, je renouvellerai le défi que j'ai porté aux lâches calomniateurs de Lesurques dans une feuille publique; je leur dirai : « Vous avez fait retentir les voûtes du temple de la justice de vos indignes accusations; vous avez essayé de remettre en problème l'innocence du malheureux que j'ai défendu, vous vous êtes vantés d'avoir à son sujet des indices particuliers. Eh bien! parlez; produisez-les, point de réticence, dites ce que vous savez; je vous somme de le faire, au nom de l'honneur, si vous le connaissez encore. »

Je dirai à madame de Bussy : « Vous avez ou-
« tragé à dessein, et contre le témoignage de votre
« conscience, les cendres d'un homme plus fidèle
« à l'honneur que vous. Vous l'avez accusé d'avoir

« dissipé dans la débauche des fonds que vous lui
« aviez confiés. Vous avez été sans respect pour le
« malheur et le tombeau. Vous vous êtes revêtue
« d'une hypocrite sensibilité pour enlever à sa
« veuve le titre dont vous vous servez aujourd'hui;
« vous avez formé le honteux dessein de lui ravir
« le morceau de pain qu'elle arrose de ses larmes.
« Et pour arriver à ce but, vous n'avez pas rougi
« de descendre à des voies frauduleuses, et d'expo-
« ser votre personne aux peines afflictives dont la
« loi flétrit.... Ah! madame, avez-vous pu certifier
« véritable une pièce dont la fausseté vous était
« connue ?

« Enveloppez, madame, enveloppez votre front
« d'un voile, et couvrez-le de cendre et de pous-
« sière. Songez que vous avez une famille, des en-
« fants, des petits-fils, auxquels vous deviez trans-
« mettre ce dépôt d'honneur que vous teniez de
« vos pères. Faudra-t-il qu'ils aient à rougir de
« vous appartenir; car quel moyen vous reste-t-il
« d'arrêter le cours de la justice ? »

Je dirai au conseiller intime de madame de Bussy : « Ce n'est donc pas assez pour vous d'être le
« confident, peut-être le complice des criminelles
« machinations que je viens de signaler (car, qui
« pourrait ne pas reconnaître dans cet ouvrage
« votre esprit, votre style, ce genre de tortuo-

« sité dont vous enveloppez toutes vos actions ?) ;
« ce n'est pas assez pour vous de la fable odieuse
« et du récit mensonger imputé à M. Lemoine ;
« il faut encore que vous ajoutiez des notes dif-
« famatoires contre Lesurques et contre moi-
« même, dans le précis que M. Mauguin a publié
« pour sa cliente ; il faut que vous colportiez ce
« libelle dans le barreau de Paris.

« Ici, ce n'est plus un simple soupçon, c'est un
« fait prouvé, un fait avéré et dont vous avez fait
« vous-même l'aveu par écrit. Vous avez rassem-
« blé, pour outrager la mémoire de Lesurques,
« toutes les présomptions que j'avais dissipées
« dans les deux mémoires que j'ai publiés pour lui.
« Vous avez ressuscité toutes les objections que
« j'avais pulvérisées. Vous avez vainement cher-
« ché à établir une dissemblance frappante entre
« lui et ce Dubosq auquel il ressemblait si mal-
« heureusement. Les signalements de l'un et de
« l'autre se trouvent encore dans les pièces du pro-
« cès. Qu'on les consulte, et qu'on me dise s'ils
« ne sont pas parfaitement identiques. Vous avez
« cité les autorités de Douai, pour prouver que
« Lesurques était sans fortune et vivait dans la dé-
« bauche, tandis que les témoignages de ces
« mêmes autorités que j'ai cités plus haut vous
« donnent un démenti formel. Vous faites l'homme

« de bien, et l'on doute que vous osiez remettre « le pied dans cette ville. Vous parlez de six cava- « liers complices de l'assassinat du courrier de « Lyon, et j'ai démontré mathématiquement qu'ils « n'étaient que cinq, et je les ai désignés, et la « justice les a tous frappés, et ils ont déclaré à l'ar- « ticle de la mort qu'ils ne connaissaient point Le- « surques, qu'il n'était point leur complice; et « M. Doué-d'Arc, procureur du roi à Versailles, « chargé par M. le procureur général d'examiner « soigneusement les pièces du procès, a terminé « son rapport en disant que l'innocent Lesurques « avait péri pour le coupable Dubosq. Vous avez « représenté Lesurques mourant accablé de dettes, « et les pièces du procès démontrent qu'il devait « 240 liv. et rien au-delà ; et jamais personne ne « s'est présenté pour en réclamer davantage. Enfin « vous avez dit : Sans s'exprimer sur le crime qui « l'a conduit à l'échafaud, n'est-il pas reconnu au- « jourd'hui qu'il s'est rendu coupable envers ma- « dame de Folleville en vendant le tiers de la « ferme de Férin, qui appartenait à cette dame? « Sa veuve elle-même ne s'est-elle pas rendue « coupable de stellionat? »

Homme funeste, seriez-vous donc affamé de mauvaises actions, comme d'autres le sont d'honneur et de gloire? Dites maintenant, est-ce madame Lesurques qui est la coupable, ou madame de Folleville ? Quand votre main traçait ce libelle diffamatoire, vous étiez loin de vous attendre que la Cour ordonnerait la représentation de cette pièce maculée, que vous n'osiez produire vous-même, et qu'elle confierait le soin de la vérifier à des hommes choisis parmi les plus habiles de la capitale. Il faudra bien qu'on sache par qui elle a été altérée, par qui elle a été mutilée, et par qui elle a été déposée à Amiens? car il y a crime, et le crime exige une enquête. La justice réclame le châtiment des coupables et de leurs complices. Ce n'est pas madame de Bussy seule qui a cherché dans les secrets de la chimie les moyens de dénaturer et de falsifier l'acte dont elle s'est sciemment armée pour commettre une mauvaise action.

Quels que soient vos efforts pour flétrir la mémoire d'un homme dont la France entière reconnaît l'innocence, son nom restera sans tache, et les coups que vous lui portez retomberont sur vous-même. Non, jamais on ne songera à lui reprocher le meurtre de qui que ce soit à la chasse, et l'enlèvement de ses papiers. Jamais on ne l'accusera d'avoir établi une fabrique secrète de faux certificats de résidence, pour les procurer, à prix d'argent, à ceux qui pouvaient les payer. On ne l'accusera jamais de s'être exercé à contrefaire les écritures, et d'avoir acquis dans ce genre d'industrie une honteuse renommée. On ne l'accusera pas d'avoir, par des procédés chimiques, fait disparaître des dates pour en substituer d'autres. On ne l'accusera pas d'avoir enlevé furtivement du dossier d'un avocat distingué du barreau de Paris une lettre décisive, et de ne l'avoir rendue qu'à la vue d'un pistolet dont l'avocat le menaçait. On ne l'accusera pas d'avoir nié un dépôt considérable, et de se l'être approprié. Sa mémoire est chérie, respectée de ses enfants, et aucun d'eux assurément ne songera jamais à se donner la mort pour se délivrer de l'opprobre de lui appartenir. Je puis même assurer que s'il eût prolongé sa carrière, comme sa jeunesse et sa santé semblaient le promettre, il eût cherché l'honneur dans les voies qui y conduisent, et n'eût point figuré dans le procès des décorations usurpées par l'intrigue et la corruption. Tranquille au sein de sa famille, content de l'aisance qu'il avait acquise par son intelligence, il ne se fût point jeté dans des spéculations frauduleuses, et son nom n'eût point retenti dans le procès célèbre des marchés à termes; il n'eût point abusé de la confiance des agents de change pour en faire ses victimes. Voilà ce qu'aurait été l'infortuné Lesurques: l'honnêteté de ses mœurs, la régularité de sa conduite en répondaient. Il jouirait d'une estime que chercheraient en vain et n'obtiendraient jamais ceux dont la rare impudence ose aujourd'hui outrager sa mémoire.

Je suis étranger à toute science de droit; mes études ne se sont jamais tournées vers la noble profession d'avocat; j'honore ces hommes d'un rare talent, d'un savoir profond, qui sont l'ornement du barreau; je suis toujours prêt à invoquer leurs lumières, je les supplierai de m'éclairer sur une question qui naît du sujet, et ne s'est présentée que trop souvent dans le cours de ce procès : *Jusqu'à quel point est-il permis d'insulter la mémoire des morts et de les calomnier? A quelle époque un individu appartient-il à la postérité?* Si l'on outrageait les cendres de mon père, si on lui imputait des faits calomnieux et déshonorants, aucune voie ne serait-elle ouverte pour obtenir satisfaction de ces outrages? Je vais plus loin; si j'avais eu le malheur de perdre mon père dans une cause non moins tragique que celle du malheurenx Lesurques, si je poursuivais la réhabilitation de sa mémoire, si deux grandes et puissantes autorités de l'état (les deux chambres législatives), si la nombreuse et honorable députation de mon département m'appuyaient de leur protection, le lâche et perfide individu qui se permettrait d'indignes calomnies contre mon père le pourrait-il faire impunément, et n'aurais-je aucun droit de l'appeler devant les tribunaux, et d'invoquer contre lui l'appui des lois ? Un de nos plus célèbres écrivains a dit : « On doit des égards aux vivants, on ne doit « que la vérité aux morts. » Mais le mensonge et la calomnie ne sont pas la vérité; et les enfants doivent tout à leur père.

Quelle sera maintenant l'issue du procès dont il s'agit ici ? Le faux matériel est reconnu ; depuis plus de trois ans, l'infortunée famille Lesurques gémit sous les coups que madame de Bussy lui a portés. Ses revenus ont été saisis ; elle a eu à supporter les frais d'un procès dispendieux ; toutes ses ressources ont péri dans ce long espace de détresse ; elle a vécu dans la douleur, l'anxiété, les larmes ; et cette malheureuse famille, poursuivie par madame de Bussy comme par un avide vautour, se serait anéantie dans le besoin, si des personnes du cœur le plus noble et le plus élevé, MM. J.-B. L. et J.-J. jeune, vivement émus au spectacle de sa situation, ne se fussent empressées de faire pour elle le plus touchant usage de leur fortune. Nous regrettons que leur modestie ne nous permette pas de les indiquer d'une manière plus distincte.

Ah ! sans doute, la justice s'accomplira et rétribuera chacun suivant son mérite. Elle ne permettra pas que tant de perversité reste impunie, que tant de douleurs et de souffrances restent sans dédommagement : ce faste du rang, de la fortune, des titres, tombera devant son inflexible équité.

Que votre courage se relève, que vos espérances se raniment, famille infortunée ! Non, la fatalité ne pesera pas toujours sur votre tête ; relevez le voile de deuil qui couvre votre front ; je vois luire enfin ce jour si long-temps désiré, où l'innocence de votre auteur sera solennellement reconnue et légalement proclamée. Elle vous assistera encore de son crédit, cette noble chambre héréditaire qui s'est précédemment occupée d'une proposition tendante à remplir la lacune, à réparer l'omission de notre Code pénal ! La chambre élective, qui avait accueilli votre première requête avec tant d'intérêt, n'en déploiera pas moins lorsque vous reparaîtrez devant elle ; et vous retrouverez encore l'appui de cette honorable députation qui ne vous a jamais abandonnée.

De criminelles intrigues, de lâches et coupables spéculations ont retardé cet heureux moment. Mais l'heure de la justice va sonner pour vos indignes persécuteurs ; leur masque est tombé devant les religieuses investigations des hommes savants auxquels la justice a confié le soin de porter la lumière dans leurs ténébreux mystères d'iniquités. La société tout entière s'intéressera une seconde fois à ce nouvel acte de votre triste destinée. Car les malheurs que vous avez éprouvés sont des calamités publiques, et la France entière doit se lever pour en demander la réparation (1). On ne rappellera pas du tombeau votre auteur infortuné; mais au défaut de la vie, on lui rendra du moins l'honneur. Vous en avez pour garants la justice du Roi et la bonté de son cœur, noble séjour des plus touchantes vertus.

Quant à moi, qui ai mis au nombre des meilleures actions de ma vie le soin que j'ai pris de faire briller l'innocence de votre auteur, si le sieur Coute, poussé par je ne sais quel mauvais génie, a cru devoir me comprendre dans son système de diffamation, s'il a cru relever le mérite de madame de Bussy en abaissant le mien, s'il n'a pas craint de me représenter comme un révolutionnaire de 1793, je saurai tirer une satisfaction exemplaire de ses indignes calomnies; et bientôt je l'appellerai devant cette justice qu'il a tant

(1) Je me fais honneur de ne répéter ici que les paroles d'un des membres les plus distingués de la chambre des députés (M. le baron T***) dans une conversation récente avec les héritières de l'infortuné que j'ai défendu.

de raisons de redouter, et dont il se fait un jeu de braver les arrêts.

Mais en attendant ce moment, qu'il me soit permis de m'adresser aux magistrats chez lesquels il a colporté son libelle, et de dire un mot à ce sujet; car je sais avec quelle rapidité la calomnie se répand, et j'aibesoin, pour l'intérêt même de la famille Lesurques, de conserver l'estime et la confiance dont on a bien voulu m'honorer j'usqu'à présent les paroles d'un homme de bien ont toujours plus de poids.

Je commence par rappeler celles de madame de Bussy elle-même dans ses premières écritures. « Elle « apprit, dit-elle, qu'un homme de lettres, respec- « table par son âge et ses talents, prêtait à la fa- « mille Lesurques le secours de sa plume. Elle ne « voulut point, par égard pour le malheur, faire « valoir ses titres dans une pareille circonstance. »

Si j'étais, il y a quatre ans, un homme respectable par mon âge et mes talents, comment ai-je pu perdre ce mérite en si peu de temps? Mon âge est plus grand, et si j'ai quelques faibles talents, on m'assure qu'ils n'ont point encore dégénéré. Comment le sieur Coute, interprète habituel des sentiments de madame de Folleville, a-t-il oublié tout à coup ce qu'il avait écrit précédemment? Comment a-t-il essayé de me déshonorer en me fabricant une vie qui n'a rien de commun avec la mienne? Je vais m'expliquer sans colère et sans passion, et dire au sieur Coute ce qu'est réellement le défenseur de l'infortuné Lesurques.

Je suis né à Sens, en 1755, c'est-à-dire il y a 74 ans, d'un père qui exerçait une profession honorable de la médecine et jouissait de l'estime publique. Il appartenait lui-même à une famille justement considérée dans le Languedoc et le Rouergue.

Madame de Folleville a parlé de l'armée de Condé, où elle n'a jamais paru. M. de Salgues, maréchal-de-camp, y commandait un corps de gentilshommes émigrés, et périt devant Constance, à l'âge de 73 ans. Avant cette journée si fatale pour lui, il s'était distingué par des actions d'éclat; et MONSIEUR comte d'Artois, aujourd'hui S. M. Charles X, écrivait à son sujet au prince de Condé : « J'ai appris les détails de l'affaire du 19.
« Jamais rien de courageux et d'audacieux ne
« m'étonnera de la part de la noblesse française.
« Soyez mon interprète auprès de vos braves com-
« pagnons d'armes. Ils ne seront jamais aussi heu-
« reux que je le leur souhaite, et j'espère le leur
« prouver par des faits plus encore que par des
« paroles. Chargez-vous encore, je vous prie, de
« tous mes compliments pour M. de Salgues. Les
« récompenses qu'il mérite n'équivaudront pas au

« bonheur que cette brillante journée lui a pro-
« curé. »

Je commençai mes premières études dans la ville où j'étais né; et quoique mon père ne fût pas riche, il m'envoya à Paris pour les continuer. J'y obtins des succès. Le goût des lettres et de la vie paisible me fit entrer dans l'état ecclésiastique; je fis mes cours en Sorbonne et à Saint-Sulpice.

A 23 ans, je fus rappelé à Sens, dont le collége était affilié à l'Université, pour y remplir la chaire d'éloquence. Je vécus avec les personnes les plus distinguées de la ville; M. le cardinal de Luynes m'avait honoré de son amitié; M. le cardinal de Loménie m'honora de son intimité. La convocation des Etats-Généraux me fournit l'occasion de coopérer à la rédaction de plusieurs cahiers de doléance; et s'il était possible de les reproduire aujourd'hui, on verrait quels étaient alors mes sentiments. En 1790, je fus choisi par le corps municipal de la ville pour ouvrir les assemblées primaires; et les suffrages de mes concitoyens m'envoyèrent à la première assemblée électorale du département de l'Yonne. J'y repoussai avec succès la proposition d'un électeur qui demandait l'exclusion du clergé et de la noblesse.

A la première composition des municipalités, je fus nommé substitut du procureur de la commune de Sens (1) ; et le premier acte de ma nouvelle magistrature fut un réquisitoire contre Marat. Sur la fin de la même année, je succédai, comme principal du collége de Sens, à mon ancien professeur et ami, M. l'abbé Massieu. Les réélections ayant eu lieu, je fus rappelé à l'unanimité des voix, moins la mienne, aux fonctions de procureur de la commune. Je m'appliquai à faire régner la paix et la justice dans l'enceinte de ma ville natale. Qui que ce soit ne fut inquiété pour ses opinions ; les mouvements pour la cherté du pain furent facilement apaisés ; et les ecclésiastiques n'eurent d'autre serment à prêter que le serment civique. L'Assemblée constituante s'étant retirée en 1791, je fus de nouveau nommé électeur ; et, si j'avais eu quelque ambition, j'aurais été facilement nommé député à l'Assemblée législative. Mais je prévoyais dès-lors les troubles qui nous menaçaient. En 1792, après la malheureuse journée du 20 juin, je me rendis, avec une députation de la ville de Sens, auprès du Roi pour lui protester de notre dévouement à sa personne. C'était alors le régime des piques, et il était facile de prévoir ce qui devait arriver.

Après la déplorable catastrophe du 10 août, la

(1) Voyez aux pièces justificatives.

déchéance du roi ayant été prononcée, je fus fidèle à ma parole, et je m'opposai à la publication de ce décret. Je courus dans cette occasion un très grand danger.

En 1793, le club de Sens ayant proposé une adresse à la Convention au sujet du jugement du Roi, je m'opposai encore à son envoi.

La même année, les députés Garnier de l'Aube et Turreau, envoyés en mission dans le département de l'Yonne, ayant ordonné l'emprisonnement de tous les ecclésiastiques non assermentés, je refusai d'exécuter cet arrêté; je convoquai une assemblée des autorités constituées, et je plaidai, en leur présence et celle des députés, la cause de ces ecclésiastiques, qui étaient non seulement les hommes les plus pacifiques, mais les plus bienfaisants du pays. Je fus destitué avec toute la municipalité, mais réélu peu de jours après. Les jeunes gens les plus distingués de la ville, parmi lesquels je me plais à nommer M. Campenon de l'Académie Française, élevèrent à cette occasion un mai à ma porte.

Peu de temps après, la légion germanique ayant passé à Sens, et proféré quelques paroles peu républicaines, Barrère la dénonça comme ayant été royalisée par la ville de Sens, et je fus député à Paris pour arrêter les suites de cette dénonciation.

Au mois de septembre suivant, des commissaires

ayant été envoyés dans tous les départements par le club des jacobins, trois d'entre eux me dénoncèrent aux comités révolutionnaires comme étant à la fois grand-vicaire de M. le cardinal de Loménie, procureur de la commune, principal du collége de Sens, assesseur du juge de paix, et l'un des gouverneurs de l'hôpital général. Trois jours après, deux membres du comité révolutionnaire central, accompagnés de la force armée, se présentèrent chez moi à une heure du matin pour m'arrêter. Je leur échappai, et j'allai, loin de la ville, chercher un asile. On m'inscrivit sur la liste des émigrés. Je menai, jusqu'au 13 germinal suivant (2 avril 1794), une vie errante et cachée. J'avais des papiers importants à Sens; j'y revins, fis une route fatigante à pied, et fus retenu par un violent accès de goutte qui ne me permit plus de marcher. On vint apposer les scellés dans la maison où j'étais; et je me trouvai réduit à subir l'emprisonnement. Peu de temps après on me signifia l'ordre de prouver, dans le délai de 15 jours, ma résidence sur le territoire français, sous peine de mort, après l'identité de ma personne constatée. J'ai encore dans les mains ce réquisitoire. Quelques uns de mes amis, prisonniers comme moi, rédigèrent en mon nom une pétition à la Convention, tendante à renvoyer au comité de sûreté générale ce qui me concernait, attendu ma qualité de fonctionnaire public, et ils réussirent : ce fut ainsi que ma tête fut sauvée. Je restai en prison jusqu'au 4 novembre 1794, et j'obtins ma radiation provisoire de la liste des émigrés sur la fin de décembre suivant.

En 1795, les études ayant été complétement détruites dans le département de l'Yonne, tous les biens du collége de Sens, qui jouissait de 30,000 l. de rente, ayant été vendus, je formai le dessein de le relever dans la maison même où j'avais été prisonnier. Je demandai à l'administration du département les fers et verrous sous lesquels on nous avait retenus, et je vins à bout de rétablir un corps d'études complet et de donner l'éducation gratuite aux enfants de la ville. La Convention ayant, dans la même année, envoyé des commissaires dans le département de l'Yonne, je fus choisi pour faire le rapport des actes des comités révolutionnaires. J'en ai encore une partie entre les mains. J'entrai à la même époque dans l'administration du district. Le représentant Guillemardet me chargea de rédiger un plan d'études pour les colléges du département. Je l'adressai à l'administration. Les colléges furent complétement réorganisés, et je fus élu de nouveau principal du collége de Sens, dans les termes les plus honorables pour moi (1). Les assemblées électorales ayant été convoquées à peu près à cette époque, j'en fus nommé membre, au grand déplaisir de la faction révolutionnaire. J'y fus désigné pour la députation au conseil des Cinq-Cents. Mais j'avais perdu mon père, et le grand âge de ma mère ne me permit pas de m'éloigner d'elle. Je m'occupai tout entier des fonctions de ma place et du collége. J'y réunis un grand nombre de pensionnaires. Les églises ayant été rouvertes, je fus assez heureux pour donner à la cathédrale de Sens, devenue simple paroisse, des ornements encore riches que nous étions parvenus, le Père Lair, bibliothécaire de M. le cardinal de Loménie, et moi, à dérober au fanatisme et à la rapacité des comités révolutionnaires. J'en ai le *récépissé* signé de M. Bourlet, membre de la fabrique de cette église et père de M. le baron Bourlet, premier valet-de-chambre de Sa Majesté Charles X (2).

La journée du 13 vendémiaire an III (5 octobre 1769) ayant relevé les espérances des jacobins, je fus exposé à des dénonciations de leur

---

(1) Voyez les pièces justificatives.

(2) Voyez les pièces justificatives.

part pour des prétendus rapports avec l'agence royale de Paris; mais elles n'eurent aucune suite (1).

En 1796, ces jacobins ayant publié un journal intitulé *l'Observateur du département de l'Yonne*, M. Tarbé, ancien ministre sous le gouvernement de Louis XVI, M. Gau, conseiller d'état sous le gouvernement de Napoléon et la restauration, et moi, nous nous réunîmes pour opposer à ce journal une autre feuille sous le titre de *Journal politique et littéraire du département de l'Yonne*. Peu de temps avant la fameuse journée du 18 fructidor, le directeur de cette feuille y ayant inséré un article violent contre le directoire, on me l'imputa; et sur l'ordre du célèbre Merlin de Douai, alors ministre de la justice, je fus traduit au tribunal criminel d'Auxerre, condamné par contumace à la déportation, et reporté sur la liste des émigrés. Mon superbe établissement d'éducation fut détruit, et

---

(1) Je dois ici rendre hommage à l'administration départementale. Elle m'envoya copie des dénonciations, et m'invita à y répondre, en déclarant qu'il n'était point dans ses principes de condamner sans entendre. C'étaient cependant des jacobins qui composaient cette administration; et ces jacobins ne firent pas comme on fait aujourd'hui, où l'on n'accueille que trop souvent les calomnies, où l'on destitue les fonctionnaires sans qu'ils sachent pourquoi.

l'on en donna la direction à un prêtre du culte théophilanthropique. Il n'y resta pas un seul pensionnaire. Je fus pendant 18 mois errant. Enfin, placé entre un coup de fusil, comme émigré, et un jugement de déportation, je me décidai à me rendre à Auxerre pour y purger ma contumace. J'y restai en prison près de trois mois; j'y fus acquitté après un plaidoyer très courageux de M. Chardon, l'un des avocats les plus distingués d'Auxerre, aujourd'hui président du tribunal civil de cette ville.

Mais le commissaire du gouvernement se pourvut en cassation contre la décision du jury, et après être resté encore un mois dans la prison d'Auxerre, je fus transféré dans celle de Melun. J'y plaidai de nouveau ma cause devant un jury spécial, et fus encore acquitté. Mais à peine le jury eut-il donné sa déclaration, que le commissaire du gouvernement demanda ma retenue en prison, pour cause d'émigration, et autres moyens qu'il développa devant le tribunal criminel. Je fus obligé de plaider de nouveau contre lui, et après une mûre délibération, le tribunal ordonna qu'après l'expiration des dix jours que j'avais encore à rester en prison comme *contumace*, je serais mis en liberté. Le commissaire du gouvernement ayant refusé de le faire, sous prétexte qu'il attendait un mandat d'arrêt du ministre de la police, je lui fis faire une sommation, et sortis.

Le mandat d'arrêt ne se fit pas attendre; las de tant de persécutions, je me rendis chez le célèbre ministre Fouché; je remis une note dans ses bureaux. Il désira me voir, causa long-temps avec moi, anéantit le mandat d'arrêt, et depuis ce temps je n'eus qu'à me louer de ses procédés. Mais je sortais de ces épreuves le bâton blanc à la main. J'avais perdu ma mère, le jour même où l'on me décrétait de prise de corps. J'avais été grand-vicaire, principal du collége, administrateur du district, et maintenant je n'étais rien. J'avais perdu une très-belle bibliothèque et les modestes propriétés que j'avais à Sens. Deux de mes amis, M. le docteur Beauchêne et M. Mutin, qui avaient quitté Sens après le régime de la terreur, m'invitèrent à venir à Paris prendre part à la rédaction de quelques journaux. A peine étais-je arrivé, que Napoléon, devenu premier consul, fit un abatis général de ces feuilles publiques. Je commençai avec M. Mutin un ouvrage périodique intitulé *la Philosophie rendue à ses vrais principes*; il eut un grand succès. Je pris en même temps la édaction des petites affiches, établies précédemment par M. Benezech. Mon frère était à l'armée, où il périt. La banqueroute du directoire, les remboursements en assignats, et quelques autres circonstances, avaient ruiné en partie quatre enfants qui lui restaient de sept; les produits de ma plume me mirent en état de les élever honorablement. Je me consacrai alors tout entier à la vie d'homme de lettres, et je publiai, dans le cours de 1800 à 1814, plusieurs ouvrages que le public voulut bien accueillir avec faveur. A l'époque de la restauration, je rédigeais, avec MM. Jay, Colnet, Martainville et Sarrasin, le Journal de Paris; nous l'avions pris avec six mille abonnés; nous le portâmes à treize mille, et il allait toujours croissant, lorsque Napoléon arriva de l'île d'Elbe.

Ce fut alors que je publiai dans ce journal quelques articles qui firent beaucoup de bruit, et notamment une sorte de proclamation intitulée : *Des armes et du courage*. Le gouvernement la fit répandre par milliers; mais bientôt il se retira devant Buonaparte.

Je me retirai dans une très petite maison de campagne que j'avais achetée à Donnemarie; je rentrai à Paris après le retour du Roi. Je renonçai à la rédaction du journal de Paris, où j'avais l'assurance d'une pension, parce que dans les cent jours il s'était signalé par ses insultes à la famille royale.

Le sieur Coute a dit qu'un journal entre mes mains devait rester sans abonnés. J'ai rédigé depuis le *Drapeau blanc*, avec M. Martainville. M. Le Dentu en avait la moitié, qu'il a vendue 50,000 l. J'ai créé l'*Oriflamme*, que le gouvernement a payé 200,000 fr., après cinq mois d'existence.

Je n'ai jamais eu de pensionnat de jeunes personnes, comme le dit encore M. Coute, mais une institution de jeunes étrangers, que sa majesté Louis XVIII et M. le duc de Richelieu avaient promis d'encourager ; qui, après quatre ans, était devenue le plus bel établissement de France, et qui aurait rempli sa destinée si... Je m'arrête ici pour ne me plaindre de personne. De la rue de Monsieur, je le transférai au château de la Planchette, et deux ans après j'en traitai avec M. Lambert, qui avait servi dans la garde de MONSIEUR, comte d'Artois.

Ce fut alors que le hasard me fit connaître l'infortunée famille Lesurques. J'avais été, dès l'origine, frappé de ses malheurs et persuadé de l'innocence de son chef; j'avais même envoyé, à ce sujet, des notes à quelques journaux. Dès que je sus que sa veuve et ses héritiers sollicitaient sa réhabilitation, je leur offris ma plume, et rédigeai les Mémoires que l'on connaît, et dont le sieur Coute peut seul me faire un crime, tant les bonnes actions répugnent aux mauvais cœurs !

J'ai promis des preuves ; il faut les donner.

RÉQUISITOIRE CONTRE MARAT.

Extrait des registres des délibérations de la municipalité de Sens.

« Ce jourd'hui 19 mai 1790, à six heures de re-
« levée, le conseil général de la commune étant
« assemblé, où se sont trouvés MM. Villiers, etc.,
« officiers municipaux, et MM. Garnier, etc., no-
« tables, en présence de M. le procureur de la
« commune et de son substitut, etc. M. le substi-
« tut, se levant, a dit :

« Messieurs,

« Un écrit digne de toute l'animadversion des
« lois et de l'indignation de vos concitoyens vient
« de se répandre dans la capitale et commence à
« circuler dans cette ville : cet écrit est intitulé :
« *L'Ami du Peuple* ou *le Publiciste français*, par
« M. Marat. Pour vous mettre à portée de juger
« du degré d'audace, de scélératesse et de démence
« qui règne dans les deux numéros de ce journal,
« je vais les parcourir successivement (suit la lec-
« ture du libelle dénoncé). Telles sont, messieurs,
« les horribles provocations auxquelles se livre ce
« frénétique folliculaire. Et cet homme ose don-
« ner à son écrit le titre d'*Ami du Peuple!* et il
« ose annoncer qu'il consacre ses jours à l'impar-

« tialité et à la vérité!... Hâtez-vous de prévenir
« les effets de ces funestes écrits, et d'étouffer
« dans sa naissance une production monstrueuse,
« capable de porter une multitude égarée aux plus
« violents excès.

« Dans ces circonstances, et par ces considéra-
« tions, nous requérons qu'il nous soit donné acte
« de la dénonciation que nous vous faisons, etc.

« Sur quoi, la matière mise en délibération, le
« corps municipal, justement indigné des calom-
« nies contenues dans l'écrit à lui dénoncé, ar-
« rête, etc. *Signé :* Villiers, Layné, etc., *officiers*
« *municipaux*, Salgues, *substitut du procureur*
« *de la commune*, etc. »

EXTRAIT DES REGISTRES DU COMITÉ RÉVOLUTIONNAIRE DE SENS.

20 *septembre* 1793.

« Sur la dénonciation du citoyen Boula, com-
« missaire du pouvoir exécutif, du procureur de
« la commune, comme prêtre, en vertu de la loi
« qui les exclut de toutes fonctions publiques,
« l'assemblée a arrêté que la municipalité et le
« conseil général de la commune seraient requis de
« ne plus regarder comme leurs collègues les ci-
« toyens ministres des autels et salariés par la na-
« tion.

« *Signé* : Gaudet, Sajou, Colas, Bureau, etc. »

EXTRAIT DU REGISTRE DU COMITÉ RÉVOLUTIONNAIRE CENTRAL DE SENS.

Séance du 26e jour du mois de septembre 1793.

« Sur le rapport de la conduite incivique de « Salgues, procureur de la commune, l'assemblée « a arrêté qu'elle procéderait à l'appel nominal « par *oui* et par *non*, s'il serait incarcéré. Il est « résulté que, sur vingt-cinq votants, deux se sont « récusés et vingt-trois ont voté pour que ledit « Salgues soit incarcéré sur-le-champ, et les scel- « lés mis sur ses papiers, comme très suspect.

« *Signé:* Colas, *président*, Royer, Barrière, etc. »

MOTIFS D'ARRESTATION.

Séance du 3 *avril* 1794 (23 germinal).

« SALGUES (Jacques-Barthélemy), *prêtre*, dé- « tenu en la maison de réclusion de Sens par man- « dat du 26 septembre 1793.

« Très prononcé pour le tyran et pour La- « fayette (1); et notamment, le 12 août 1792 que « fut faite la déchéance de Capet, il s'y opposa

---

(1) J'avias proposé à la ville d'envoyer à Sédan des commissaires au général de Lafayette et de se réunir à lui.

« fortement en sa qualité de procureur de la com-
« mune, et fut forcé de céder par la force armée
« et les opinions des officiers municipaux; et a
« voté contre une adresse faite à la Convention
« nationale par la société populaire de Sens. Cette
« dernière adresse était une félicitation sur la mort
« du tyran.

« *Certifié sincère et véritable, par nous, prési-*
« *dent et secrétaire du comité de surveillance et*
« *révolutionnaire de la commune de Sens. Signé*
« ADAM, *président*, HENIN, *secrétaire.* »

COLLÉGE DE SENS.

Extrait des registres des délibérations du Conseil général de la commune de Sens.

« Cejourd'hui, 14 thermidor de l'an III de la république, les citoyens composant le conseil général de la commune, étant réunis pour procéder à la réorganisation du collége de la ville :

« Considérant de quelle importance il est de ne confier le soin de l'éducation qu'à des personnes autant distinguées par des mœurs pures et une conduite irréprochable, que par leurs talents; qu'aucune affection personnelle, aucun sentiment individuel ne doit déterminer le choix des sujets; que l'intérêt général, leur devoir, leur honneur, sont les seuls guides qu'ils doivent suivre dans une mission aussi délicate, les membres dudit conseil n'hésitent pas à désigner comme les sujets les plus dignes, sous tous les rapports, d'être appelés à l'instruction publique, les citoyens ci-après nommés, savoir :

« Pour la place de principal, le citoyen Salgues ;

« Pour celle de professeur de mathématiques et de physique, le citoyen Billy, etc. »

BUREAU D'ADMINISTRATION DE SAINT-ÉTIENNE DE SENS (église cathédrale).

Etat des ornements prêtés à l'église de Sens par le citoyen Salgues, supérieur du collége de cette ville.

« Trois chappes, une chasuble, deux tuniques avec leurs étoles, galonnées en fin. Trois chappes fond blanc, et trois chappes noires, etc.

« Nous soussignés, membres du bureau de l'administration de l'église de Sens, reconnaissons avoir reçu du citoyen Salgues les ornements ci-dessus, qu'il a bien voulu nous prêter. Fait à Sens, ce vingt-six frimaire, an quatrième de la république (17 décembre 1795).

« *Signé* Bourlet (1), Saint-Laurent, Guyard de Chalambert, Biencour. »

---

(1) M. Bourlet était père de M. le baron Bourlet, pre-

COMMUNE DE SENS.

Association de l'instruction publique.

« Lorsque de tous les points de la France les plaintes retentissent sur le défaut d'instruction publique, la ville de Sens, cette commune si malheureuse par les suites de la révolution (1), va peut-être donner la première l'exemple du plus généreux patriotisme pour la restauration de ses écoliers.

« Le mérite en sera dû surtout au zèle et aux talents de M. *Salgues,* qui a su, comme principal du

---

mier valet de chambre de *Monsieur* comte d'Artois. J'avais été en prison avec lui. Avant la mort du jeune coadjuteur de Loménie et de madame de Canisy, qui périrent sur l'échafaud avec trois autres Loménie, nous nous réunissions le soir, elle, lui, MM. l'abbé Séguier, l'abbé Roger, vicaire-général de Toulouse, l'abbé Boudrot, professeur du collége, et moi, pour souper ensemble, car on nous permettait de faire venir du dehors ce léger repas. Après leur cruelle catastrophe, je passai une partie de mes soirées chez madame la comtesse de Polignac, qu'on avait enlevée de son château de Paron près de Sens, avec M. l'évêque de Cydon, MM. Bourlet et l'abbé Verrier, chanoine de Sens. Madame de Polignac en faisait le charme par ses bons mots et son aimable philosophie.

(1) Elle a fourni, en 1793 et 1794, trente-deux victimes aux échafauds.

collége, conserver, au milieu de tous les obstacles, une pépinière de plus de quarante élèves pensionnaires, et un nombre égal d'externes.

« Un homme dont le nom seul inspire la confiance pour l'instruction publique, M. *Tuet*, auquel, pendant plus de vingt-cinq ans, le collége de Sens a dû en partie ses élèves les plus distingués; M. *Tuet* a oublié ses années et même ses infirmités, pour réunir, en ce moment, son zèle à celui de M. *Salgues*, et partager ses travaux.

« Enfin, plusieurs citoyens de cette commune, témoins des sacrifices que M. *Salgues* a faits jusqu'à ce jour pour la conservation du collége, le seul établissement qui reste à la ville de Sens, ont considéré qu'il y aurait une espèce d'injustice à laisser peser plus long-temps sur un seul citoyen les charges et les sollicitudes qu'entraîne une si louable entreprise. Elles ont donc pensé à former une association dont la direction serait confiée à cinq personnes distinguées par leurs vertus, leur zèle et leurs talents, savoir : MM. l'abbé de Biencour, de Jodrillat, Tarbé, ancien ministre de Louis XVI, D'Yaunille, de Chalembert, lesquels, réunis à MM. *Salgues* et *Tuet*, composeront un bureau d'administration qui s'occupera de tout ce qui pourra tendre au perfectionnement de l'instruction religieuse, morale et civile.

« En conséquence, en formant l'association, on

13

est convenu des bases suivantes : Le prix de l'action est de 108 livres, payables, un tiers comptant, ou pour le 1er octobre prochain 1797 (vieux style), et les deux autres dans le cours de l'anné subséquente. La liste des souscripteurs sera rendue publique; M. Salgues se propose aussi de leur offrir comme un témoignage particulier de sa reconnaissance, deux cours de physique expérimentale par chaque année, etc.» (*Ce projet n'eut aucune suite, M. Salgues ayant été frappé d'une nouvelle proscription au* 18 *fructidor, ainsi qu'il résulte de l'acte suivant.*)

DE PAR LA LOI.

« Henri Cartron, juge au tribunal civil du département de l'Yonne, et directeur du jury de l'arrondissement de Sens, exerçant immédiatement les fonctions d'officier de police judiciaire, mandons et ordonnons à tous exécuteurs des mandements de justice, de conduire en la maison d'arrêt le citoyen Salgues, ci-devant professeur du collége de Sens, prévenu d'être le rédacteur du journal politique et littéraire du département de l'Yonne, et d'avoir inséré dans ce journal un écrit tendant à la dissolution du gouvernement.

« Mandons au gardien de ladite maison de le recevoir, en se conformant à la loi, etc.

« A Sens, le 9 brumaire an VI de la république

française, une et indivisible (30 octobre 1797).

« *Signé* : CARTRON (1). »

J'ai donc tout perdu pour la cause de la monarchie, et le règne de Napoléon lui-même m'a vu fidèle à mes principes.

Je n'en dirai pas davantage. J'aurais pu me dispenser de répondre au sieur Coute, car il est tel homme dont on préfère les injures aux éloges; mais l'intérêt de la famille que je défends, plus que le mien, m'obligeait d'entrer dans ces détails. Telle est en effet la disposition de l'esprit humain, que l'on croit le mal plus facilement que le bien; et mon silence n'aurait pas manqué d'être pris pour un aveu par M. Coute et ceux qui lui ressemblent.

---

(1) Cette proscription dura deux ans. Les ecclésiastiques insermentés étaient alors l'objet d'une violente persécution. Dès que je fus libre, mon premier soin fut de profiter du crédit qui me restait auprès des membres les plus accessibles du gouvernement pour leur rendre service. Ils avaient été mes compagnons d'infortune sous le régime de la terreur, nous avions porté les mêmes fers. Deux grands-vicaires de Sens, MM. de Condé et de Monbourg, étaient en prison et près d'être déportés, malgré leur grand âge et le caractère de paix et de bonté qui les recommandait. Je sollicitai leur élargissement au nom des citoyens les plus distingués de la ville de Sens, ainsi qu'on en peut juger par l'extrait des lettres suivantes :

« Sens, ce 4 frimaire an VIII (25 novembre 1799).

« Monsieur, l'intérêt que vous voulez bien prendre à nos amis nous fait penser que, dans les démarches que vous voulez bien faire pour eux, vous ne vous refuserez pas à voir les citoyens Guichard, Collet et Villetard (membres du conseil des Cinq-Cents), pour les engager à appuyer la demande que vous faites pour tous les deux, au nom des citoyens de Sens... Nous avons tout à espérer de votre zèle, lorsqu'il est question d'obliger les malheureux ; leur cause ne peut pas être en meilleures mains. D'ailleurs nous sommes persuadés que votre amitié pour nous et nos amis ne fera que seconder le motif généreux qui nous a déterminés à entreprendre cette bonne œuvre. Nous vous prions d'agréer, etc., ainsi que les sentiments bien sincères que vous a voués votre très humble serviteur.

« BOURLET. »

La seconde lettre est du lendemain.

« Il faut avouer, monsieur, que les gens qui n'ont qu'une « affaire sont bien importuns. Je l'ai senti, mais j'ai compté « trouver mon excuse dans votre cœur et dans l'intérêt que « vous prenez au sort de l'homme respectable qui est au- « jourd'hui l'objet de vos sollicitudes. » (*L'un des deux venait d'obtenir sa liberté.*) *Dans le reste de la lettre, M. Bourlet m'invitait à me concerter avec madame la comtesse d'Albert, pour presser la délivrance de M. l'abbé de Condé.*

Voilà de quelle manière, sorti de proscription et arrivé à Paris, j'employais mes moments : *Beneficia mea hæc sunt.*

FIN.

www.ingramcontent.com/pod-product-compliance
Ingram Content Group UK Ltd.
Pitfield, Milton Keynes, MK11 3LW, UK
UKHW021139260726
13994UKWH00001B/213